STECK-VAUGHN

América: Su historia

SEGUNDO LIBRO ■ DESDE 1865

Reviewers

Manuel M. Rodriguez
Director
Adult Education Program
Yuma Elementary District No. 1
Yuma, Arizona

Maria Theresa Alonso
Bilingual/ESL Teacher
Union City Board of Education
Union City, New Jersey

Vivian Bernstein

P9-DBY-540

STECK-VAUGHN
C O M P A N Y
A Subsidiary of National Education Corporation

SOBRE LA AUTORA

Por muchos años, Vivian Bernstein ha sido maestra para el Sistema de Escuelas Públicas de la Ciudad de New York. Recibió su grado de maestría de artes de la Universidad de New York. Bernstein participa activamente en organizaciones profesionales en los estudios sociales, educación, y lectura. También ha escrito los libros *World History and You*, *World Geography and You* y *Health and You*.

CRÉDITOS

Page 2: State Historical Society of Missouri. **Page 3:** Tuskegee Institute. **Page 6:** Library of Congress. **Page 7:** Smithsonian Institution. **Page 8:** Upper, Farm Security Administration; Lower, U.S. Department of Agriculture. **Page 9:** The Bettmann Archive, Inc. **Page 12:** Upper, Alaska Division of Tourism; Lower, Alaska Historical Library. **Page 13:** Upper, Hawaii Visitors Bureau; Lower, Alaska Historical Library. **Pages 14, 15:** Library of Congress. **Page 18:** A.T.&T. Co. **Page 19:** Upper, Ford Archives, Dearborn, Michigan; Lower, A.T.&T Co. **Pages 20, 21:** Ford Archives, Dearborn, Michigan. **Page 24:** Library of Congress. **Page 25:** Upper, Southern Oregon Historical Society; Lower, Library of Congress. **Page 27:** Upper, Museum of the City of New York; Lower, Brown Brothers. **Page 30:** Upper, Carnegie Corporation of New York; Lower, Union Pacific Railroad Museum Collection. **Page 31:** Bethlehem Steel Company. **Page 32:** Upper, American Petroleum Institute; Lower, Standard Oil of California, Courtesy of American Petroleum Institute. **Page 33:** Drake Well Museum, Courtesy of American Petroleum Institute. **Page 36:** Upper, National Archives; Lower, Old Print Shop. **Page 37:** Museum of the City of New York. **Page 38:** Upper, AFL-CIO; Lower, The Bettmann Archive, Inc. **Page 39:** Brown Brothers. **Page 42:** Upper, University of Illinois Library at Chicago Circle Campus, Jane Addams Memorial Collection; Lower, Chicago Historical Society. **Page 43:** Upper, Jane Addams Hull House; Lower, The Bettmann Archive, Inc. **Page 44:** Museum of the City of New York. **Page 45:** University of Illinois Library at Chicago Circle Campus, Jane Addams Memorial Collection. **Page 48:** Upper, Ford Archives, Dearborn, Michigan; Lower, Smithsonian Institution. **Page 49:** Upper, State Historical Society of Missouri; Lower, National Archives. **Pages 50, 51:** Smithsonian Institution. **Page 54:** Brown Brothers. **Page 55:** Sophia Smith Collection, Smith College. **Page 56:** Brown Brothers. **Page 57:** Culver Pictures, Inc. **Page 60:** Upper, National Archives; Lower, St. Louis Art Museum. **Page 61:** Upper, Library of Congress; Left, both, Sophia Smith Collection, Smith College. **Page 62:** Brown Brothers. **Page 63:** U.S. Postal Service. **Page 65:** Upper, The Bettmann Archive, Inc.; Lower, Brown Brothers. **Page 66:** Top, The Bettmann Archive, Inc.; Upper left, UPI/Bettmann Newsphotos; Lower left, Culver Pictures, Inc. **Page 67:** Upper left, The Bettmann Archive, Inc.; Lower left, Culver Pictures, Inc.; Bottom, The Bettmann Archive, Inc. **Page 68:** Upper, Culver Pictures, Inc.; Lower, The Bettmann Archive, Inc. **Page 71:** Both, National Archives. **Page 72:** National Archives. **Page 73:** Upper, FPG International; Lower, National Archives. **Page 74:** Franklin D. Roosevelt Library. **Page 77:** Upper, National Archives; Lower, Farm Security Administration. **Page 78:** Upper, The Bettmann Archive, Inc.; Lower, National Archives. **Page 79:** Upper, National Archives; Lower, U.S. Army. **Page 80:** Upper left, National Archives; Lower left, U.S. Air Force; Bottom, U.S. Army. **Pages 84, 85, 86:** Perkins School for the Blind. **Page 88:** Both, New York Infirmary. **Page 89:** American National Red Cross. **Pages 90, 91:** All, March of Dimes. **Page 94:** United Press International. **Page 95:** United Press International. **Page 96:** UPI/Bettmann Newsphotos. **Pages 100, 101, 102, 103:** NASA. **Page 105:** Both, AP/Wide World Photos. **Page 106:** Upper, U.A.W., Region 6; Lower, AP/Wide World **Page 107:** Both, AP/Wide World Photos. **Page 110:** U.S. Air Force. **Pages 111, 112:** United Press International. **Page 113:** National Park Service — NCR Photo. **Page 116:** Upper, TSW-Click/Chicago LTD.© James P. Rowan; Lower, New York State Department of Commerce. **Page 117:** Upper, UPI/Bettmann Newsphotos; Lower, UPI/Bettmann Archive. **Page 118:** USDA-Soil Conservation Service. **Page 119:** Upper, UPI/Bettmann Newsphotos; Lower, AP/Wide World Photos. **Page 122:** Sygma. **Page 123:** Top, Uniphoto Picture Agency© Billy E. Barnes; Upper, University of Wisconsin; Lower, Space Photos. **Page 124:** Both, NASA. **Page 125:** Upper, Supreme Court Historical Society; Lower, AP/Wide World Photos. **Page 128:** Upper, Texas Department of Parks and Wildlife; Lower, National Park Service. **Page 129:** Top, Amerada Petroleum Corporation; Upper left, AP/Wide World Photos; Lower left, Tennessee Valley Authority. **Page 130:** Both, UPI/Bettmann Newsphotos. **Page 131:** Upper, AP/Wide World Photos; Lower, Reynolds Metals Company.

Cover Credits:
U.S. flag © COMSTOCK/Michael Stuckey
Photo inset of Discovery courtesy NASA

Staff Credits:
Executive Editor: Elizabeth Strauss
Project Editor: Becky Ward
Cover Designer: D. Childress
Art Director: Joyce Spicer
Project Manager: Scott Huber

ISBN 0-8114-6051-7

5 6 7 8 9 PO 97 96 95

CONTENIDO

Al lector

Hace miles de años, los indígenas caminaron desde Asia hasta Alaska y se establecieron en muchas partes de la América del Norte. Fueron los primeros americanos.

En 1492, Cristóbal Colón navegó al oeste desde España y descubrió a América. Luego, en 1620, llegaron a América los peregrinos en busca de la libertad de religión. Después, más personas llegaron y fundaron las 13 colonias que fueron gobernadas por Inglaterra.

A las personas en las colonias se les llamaban americanos. Ellos querían liberarse de Inglaterra y, por eso, lucharon en una guerra llamada la Guerra Revolucionaria y la ganaron. Después de la guerra, los estadounidenses crearon su propio gobierno. Algunos de los líderes redactaron la Constitución de los Estados Unidos. George Washington llegó a ser el primer presidente de la nueva nación.

Poco a poco, la nación se hizo más fuerte y más poderosa. Luego, los estados norteños y los estados sureños se reñían. El Sur ya no quería ser parte de los Estados Unidos. Resultó que el Norte y el Sur lucharon en una terrible guerra llamada la Guerra Civil. Esta guerra duró de 1861 a 1865. El Norte la ganó. Después de la guerra, el Norte y el Sur volvieron a formar una sola nación.

¿Qué les pasó a los norteños y los sureños después de la Guerra Civil? ¿Cómo seguía creciendo el país? ¿Quién fue el primer estadounidense en caminar en la luna? Sigue leyendo para aprender más sobre la historia de los Estados Unidos.

CAPÍTULO 1

Después de la Guerra Civil

Palabras nuevas ☆ reconstruido ★ reunificarse ★ aprobar ★ Enmienda 13 ★ ciudadanos ★ problemas ★ plantaciones ★ adultos ★ Booker T. Washington ★ Alabama ★ Instituto Tuskegee

Los estadounidenses del Norte y del Sur tenían mucho que hacer después de la Guerra Civil. Miles de personas murieron durante la guerra. Muchas granjas y ciudades del Sur fueron destruidas. Los norteños y los sureños todavía no se llevaban bien.

Después de la guerra, los estados sureños se reunificaron a los Estados Unidos. Poco a poco, el Sur fue reconstruido. Se reconstruyeron ciudades, carreteras y ferrocarriles. Se construyeron escuelas nuevas. Antes de la guerra, había pocas fábricas en el Sur, pero después, empezaron a construirse fábricas. Los sureños empezaron a fabricar sus

La Guerra Civil había terminado. Los soldados estaban en sus hogares.

1

propios productos en estas fábricas nuevas. Se reconstruyeron las granjas, y los granjeros volvieron a cultivar algodón.

Había muchos esclavos negros en el Sur antes de la Guerra Civil. Después de la guerra, los esclavos eran libres. En diciembre de 1865, los senadores y representantes de los Estados Unidos aprobaron una nueva ley de la Constitución. Esta nueva ley se llamaba la Enmienda 13 y decía que en los Estados Unidos nadie podía tener esclavos. Nunca más habría esclavitud en los Estados Unidos.

Se añadieron otras leyes a la Constitución para ayudar a los negros. Una de éstas decía que los negros eran ciudadanos estadounidenses. Otra ley decía que los hombres negros podían votar. Pero, ni las mujeres negras ni las mujeres blancas podían votar.

Después de ser puestos en libertad, los esclavos tuvieron muchos problemas. Muchos negros nunca habían asistido a la escuela. Muchos no sabían ni leer ni escribir y tenían poco dinero. Muchos de ellos

LOS NEGROS AL VOTAR POR PRIMERA VEZ

Tanto los niños como los adultos asistían a las escuelas gratuitas.

Éste era un salón de clase en el Instituto Tuskegee hace muchos años.

BOOKER T. WASHINGTON

sabían trabajar en las granjas, y algunos sabían hacer otros trabajos. Después de la Guerra Civil, los negros necesitaban empleos para poder ganar dinero, pero les resultó muy difícil encontrar trabajo.

Muchos negros continuaban trabajando en las plantaciones de algodón, pero ya no eran esclavos. Los dueños de las plantaciones les pagaban por su trabajo. Se fundaron escuelas gratuitas, y todos los que querían aprender—tanto los niños como los adultos—asistían a las escuelas. A veces venían maestros norteños para trabajar en esas escuelas.

Booker T. Washington era un negro que ayudaba a otros negros a obtener mejores empleos. Booker T. Washington había sido esclavo pero fue puesto en libertad después de la Guerra Civil. Washington asistió a la escuela y se hizo maestro. Decía que los negros tenían que aprender a hacer distintos tipos de trabajos. En 1881 él fundó una escuela para los negros en Alabama, que se llamaba el Instituto Tuskegee. Allí las personas podían aprender a hacer distintos trabajos. Miles de estudiantes han estudiado

3

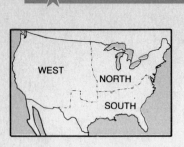

REGIONES DE LOS ESTADOS
UNIDOS

en el instituto. El Instituto Tuskegee se convirtió en una escuela muy grande, con más de 100 edificios.

Los estadounidenses reconstruyeron el Sur. Los norteños y los sureños empezaron a llevarse bien de nuevo. Había todavía pocas personas y granjas en el oeste de los Estados Unidos. En el capítulo 2, aprenderás cómo los norteños y los sureños ayudaron a que se estableciera el oeste.

USA LO QUE HAS APRENDIDO

★ Lee y recuerda

Completa la oración ★ Dibuja un círculo alrededor de la palabra o frase que complete cada oración.

1. Después de la Guerra Civil, el _____ tenía que ser reconstruido.

   Norte   (Sur)   Oeste

2. Se _____ ciudades, carreteras y ferrocarriles después de la guerra.

   quemaron   cerraron   (reconstruyeron)

3. La Enmienda 13 decía que nadie podía _____ (esclavos.)

   tener   pagar a   enseñar a

4. Booker T. Washington fundó el Instituto _____.

   Alabama   (Tuskegee)   Richmond

Completa ★ Escoge una palabra en negrita para completar cada oración. Escribe la palabra en el espacio en blanco.

reunificaron   Alabama   fábricas
votar   ciudadanos

1. Los estados del Sur se _____ a la Unión.

2. Se construyeron _____ en el Sur después de la guerra.

3. Una ley que se añadió a la Constitución decía que los negros eran

   _____ estadounidenses.

4

4. Otra ley decía que los hombres negros podían

   _____.

5. El Instituto Tuskegee se construyó en _____.

★ Razona y aplica

Ordena los hechos ★ Indica el orden en que ocurrieron los hechos. Escribe **1**, **2**, **3** ó **4** junto a cada oración. El primero está hecho.

_____ Booker T. Washington era un hombre libre después de la Guerra Civil.

_____ Booker T. Washington fundó el Instituto Tuskegee.

_____ Booker T. Washington asistió a la escuela y se hizo maestro.

___1__ Booker T. Washington era un esclavo.

★ Composición

Los Estados Unidos cambió después de la Guerra Civil. Escribe un párrafo que describe tres maneras en que la nación cambió.

_____

_____

_____

_____

_____

_____

_____

_____

_____

CAPÍTULO 2

Los estadounidenses se mudan al oeste

Palabras nuevas ☆ Grandes Llanos ★ Montañas Rocosas ★ Ley Homestead ★ Congreso ★ pobladores ★ búfalo ★ reservas ★ trigo ★ harina ★ tormentas ★ solos ★ vías ferroviarias ★ puentes

UNA FAMILIA EN SU CASA DE LOS LLANOS

Las tierras entre el río Mississippi y las Montañas Rocosas se llaman los Grandes Llanos. Para 1840 empezó un gran movimiento al oeste. En los años cuarenta y cincuenta, muchas personas viajaron por los Grandes Llanos y las Montañas Rocosas hasta California y Oregon. Pocas personas querían vivir en los Grandes Llanos porque no llovía mucho. La tierra era plana y había pocos árboles. Pensaban que no podrían cultivar nada en esta zona.

En 1862 los senadores y representantes del Congreso de los Estados Unidos redactaron una

La tierra de los Grandes Llanos era plana. Casi no había árboles y llovía poco.

Los indios querían viajar por los Grandes Llanos y cazar búfalos, pero los pobladores querían que se quedaran en un solo lugar.

UN BÚFALO

nueva ley que se llamó la Ley Homestead. Esta ley les daba tierras a los pobladores del oeste por un precio muy bajo. La Ley Homestead decía que los pobladores debían vivir en las tierras que compraran y que tenían que construir una casa y una granja. Miles de estadounidenses querían comprar estas tierras para tener sus propias granjas. Muchos estadounidenses se mudaron al oeste a los Grandes Llanos y construyeron casas y granjas en estas tierras baratas.

Los indios y los búfalos habían vivido en los Grandes Llanos por siglos. Estos indios cazaban búfalos. Los búfalos iban de un lugar a otro, y los indios los seguían para cazarlos.

Los indios no querían que los pobladores construyeran sus casas en los Grandes Llanos. Los pobladores querían que los indios vivieran en un solo lugar. No querían que viajaran por todos los Grandes Llanos en busca de búfalos. Hubo muchas batallas entre los indios y los pobladores. Muchos pobladores murieron, pero murieron aún más indios y búfalos.

Cultivar el trigo era muy difícil.

EL TRIGO CRECIENDO EN
LOS LLANOS

El gobierno de los Estados Unidos les dijo a los indios que se quedaran en un solo lugar, y les dio tierras para que vivieran en ellas. Estas tierras se llaman reservas indias. Muchos indios se hicieron agricultores en las reservas, pero no estaban contentos allí. Querían cazar búfalos, pero no podían hacerlo en las reservas.

La Ley Homestead ayudó a los pobladores a obtener tierras en los Grandes Llanos. Allí se establecieron muchas granjas nuevas. Muchos de los granjeros cultivaban trigo, o sea, un grano de que se hace la harina. Se hacen el pan y el pastel de harina de trigo.

Era muy difícil ser granjero. A veces no llovía lo suficiente para que creciera el trigo. Muchas veces había fuertes tormentas de viento. La gente vivía apartada en los Grandes Llanos y muchos se sentían solos. Los granjeros trabajaron mucho y aprendieron a cultivar mejor el trigo. Hoy en día, por todo el país se comen pan y trigo de los Grandes Llanos.

Muchos estadounidenses viajaron al oeste con caballos y carretas cubiertas. Los ferrocarriles los hubieran transportado más rápido. Había muchos ferrocarriles en el este, pero no en el oeste.

UN PUENTE DE FERROCARRIL

Después de la Guerra Civil, los estadounidenses empezaron a construir vías ferroviarias a través del oeste. Los ferrocarriles pasaban por las Montañas Rocosas y por puentes que cruzaban los ríos. En 1869 se terminaron las primeras vías ferroviarias que cruzaban los Estados Unidos. La gente podía viajar desde California hasta los estados del este. Los estadounidenses construyeron más vías ferroviarias, unas en los estados del norte y otras en los del sur. Cada año, más personas viajaban al oeste en estos ferrocarriles.

En la actualidad, muchos de nuestros estados son parte de los Grandes Llanos y del oeste. La Ley Homestead y los ferrocarriles ayudaron a miles de personas a construir el oeste estadounidense.

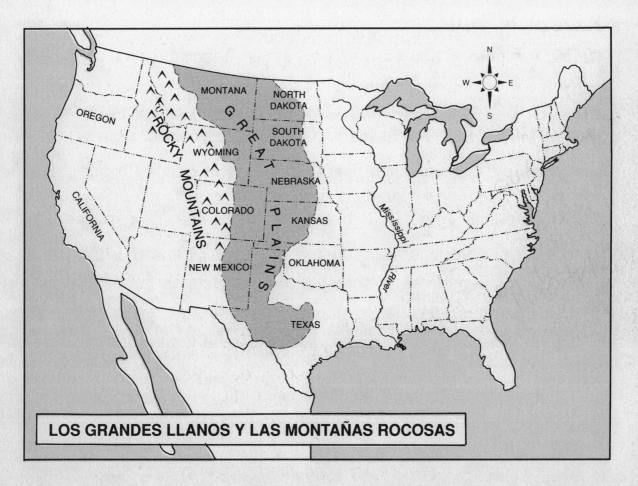

LOS GRANDES LLANOS Y LAS MONTAÑAS ROCOSAS

USA LO QUE HAS APRENDIDO

★ Lee y recuerda

Parea ★ Cada frase del grupo B describe algo del grupo A. Escribe la letra del grupo B junto a la respuesta correspondiente del grupo A.

GRUPO A	GRUPO B
_c_ 1. la Ley Homestead	a. hacían fácil que la gente viajara al oeste
_b_ 2. búfalos	b. los indios los cazaban
_d_ 3. tormentas de viento y poca lluvia	c. ofrecía tierras del oeste a un precio bajo
_a_ 4. ferrocarriles	d. hacían difícil que los granjeros cultivaran trigo

★ Razona y aplica

Causa y efecto ★ Una **causa** es algo que hace que otra cosa ocurra. Lo que ocurre es un **efecto**.

> CAUSA = El granjero Jones sembró semillas de maíz.
> EFECTO = El maíz creció en la granja de Jones.

Lee cada par de oraciones. Decide cuál es la causa (lo que pasa primero) y cuál es el efecto (lo que pasa después). Escribe una **C** junto a la causa y una **E** junto al efecto. El primer par está hecho.

1. _C_ Las personas no querían vivir en los Grandes Llanos.

   _E_ Los senadores y representantes redactaron la Ley Homestead.

2. ____ Muchas personas se mudaron al oeste a los Grandes Llanos.

   ____ La Ley Homestead les daba tierras a los pobladores por un precio muy bajo.

3. ____ Los búfalos iban de un lugar a otro.

   ____ Los indios cazadores iban de un lugar a otro.

4. _____ Las personas construyeron ferrocarriles que iban al oeste.

_____ El viaje al oeste en carretas cubiertas era lento.

★ Composición

Lee el párrafo que sigue y luego escribe un párrafo para describir cómo era la vida de un poblador en los Grandes Llanos. Usa ideas del capítulo y de este párrafo. ★★★★★

Desde el frente de la casa se podía ver por millas. Sólo se veían los llanos por todas partes. No se veía la casa del vecino más cercano. Por la noche estaba tan oscuro que no se veía nada. A veces se podía ver algo cuando brillaba la luna. Adentro, las velas iluminaban la casa. Molestaba los ojos trabajar con luz de velas.

★★★★★

_____

_____

_____

_____

_____

★ Desarrollo de destrezas

Usa las direcciones de un mapa ★ Los mapas nos ayudan a encontrar **puntos** cuando viajamos. La **brújula** nos muestra estos puntos. Observa el mapa de los Grandes Llanos y las Montañas Rocosas de la página 9. Busca la brújula. La parte de arriba siempre apunta hacia el **norte**. Los otros puntos son el **este**, el **oeste** y el **sur**. Estos puntos se pueden escribir como **N, S, E** y **O**.

Las oraciones que siguen se refieren al mapa. Para completar cada oración, escribe **norte**, **este**, **oeste** o **sur** en el espacio en blanco.

1. El río Mississippi está al _____ de las Montañas Rocosas.

2. Nebraska está al _____ de Texas.

3. California está al _____ de las Montañas Rocosas.

4. El río Mississippi corre de norte a _____ .

CAPÍTULO 3
Los Estados Unidos obtiene más tierras

Palabras nuevas ☆ Alaska ★ Rusia ★ tontería ★ congelador ★ petróleo ★ islas ★ Islas Hawaianas ★ Hawaii ★ Cuba ★ Puerto Rico ★ barco de guerra ★ *Maine* ★ estallar ★ la guerra contra España ★ Guam ★ las Filipinas

NATIVO DE ALASKA

Los Estados Unidos tenía tierras desde el Océano Atlántico hasta el Océano Pacífico, pero aún no había dejado de crecer. En 1867 el gobierno compró más tierras, y en 1898 obtuvo aún más tierras. ¿Cómo obtuvo estas tierras?

Alaska es una gran región al noroeste de Canadá. El clima de Alaska es muy frío casi todo el año. Hay mucha nieve. Un país que se llama Rusia está muy cerca de Alaska. Rusia poseía Alaska, pero quería venderlo a los Estados Unidos.

Alaska es muy hermoso. Hace frío casi todo el año.

Las islas de Hawaii se convirtieron en el 50.º estado de los Estados Unidos. Su clima casi siempre es cálido.

En 1867 los Estados Unidos decidió comprar Alaska. Se lo compró a Rusia por $7,200,000. Muchos estadounidenses pensaron que era una tontería comprar Alaska porque decían que era un gran congelador. Sólo algunos indios vivían allí.

En 1899 se encontró oro en Alaska, y pronto empezó allí la fiebre del oro. De pronto, miles de personas viajaron a Alaska en busca de oro. Muchos no lo encontraron, pero sí encontraron otras cosas. En Alaska había pieles y buen pescado. También había petróleo. Usamos petróleo en nuestros automóviles y para hacer la electricidad.

Se fundaron poblados y ciudades en Alaska. Los que vivían allí querían que fuera un estado. En 1959 Alaska se convirtió en el 49.º estado de los Estados Unidos. Es el estado más grande en extensión.

Hay unas hermosas islas en el Océano Pacífico que se llaman las Islas Hawaianas o Hawaii. Hawaii está a unas 2,000 millas de California. Generalmente, su clima es soleado y cálido.

En la década de 1820, muchos estadounidenses se fueron a Hawaii a construir iglesias. Otros fueron a vivir y a trabajar allí. Ellos querían que Hawaii fuera

BUSCANDO ORO

parte de los Estados Unidos. Muchos hawaianos también lo querían. En 1898 los Estados Unidos decidió que Hawaii fuera parte de la nación. Poco después, los hawaianos querían que Hawaii fuera un estado. En 1959 el Congreso votó e hizo de Hawaii el 50.º estado.

Los Estados Unidos no dejaba de crecer. Cuba y Puerto Rico son unas islas países cerca de la Florida. Búscalas en el mapa de las páginas 14 y 15. Estas islas le pertenecían a España.

Los cubanos querían que su país fuera libre, y por eso luchaban una guerra contra España. Muchos estadounidenses querían ayudar a los cubanos a luchar por su libertad. En 1898 los Estados Unidos envió a Cuba un barco de guerra, el *Maine*. El barco estalló, y 260 estadounidenses murieron. Nadie supo por qué había estallado. Muchos pensaban que los soldados españoles lo habían hecho estallar.

EL *MAINE* ESTALLA

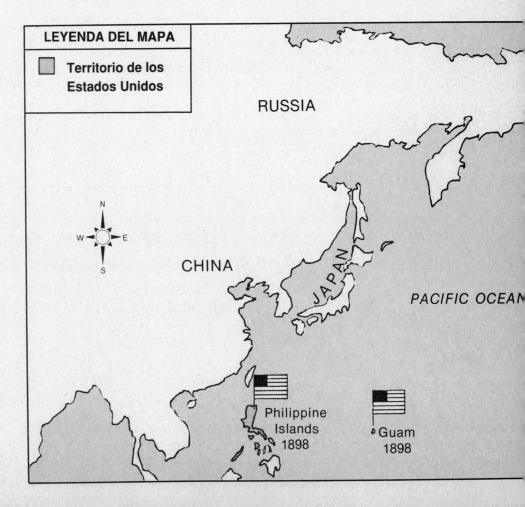

LEYENDA DEL MAPA

Territorio de los Estados Unidos

RUSSIA

CHINA

JAPAN

PACIFIC OCEAN

Philippine Islands 1898

Guam 1898

Los Estados Unidos decidió luchar contra España y ayudar a los cubanos a ser libres. Los Estados Unidos ganó todas las batallas en la guerra contra España. Sus soldados lucharon contra los españoles en Cuba y capturaron Puerto Rico. También lucharon contra los españoles en el Océano Pacífico.

Guam y las Filipinas son islas del Océano Pacífico que le habían pertenecido a España. Los soldados estadounidenses ayudaron a Guam y a las Filipinas a liberarse, y en unos meses, España se rindió.

Hoy en día, Cuba y las Filipinas son países independientes. Guam y Puerto Rico son parte de los Estados Unidos, pero no son estados. Sus habitantes son ciudadanos estadounidenses.

Los Estados Unidos tenía muchas tierras nuevas en 1898. Otros países ya sabían que los Estados Unidos se había convertido en una nación muy poderosa.

IZANDO LA BANDERA
ESTADOUNIDENSE EN CUBA

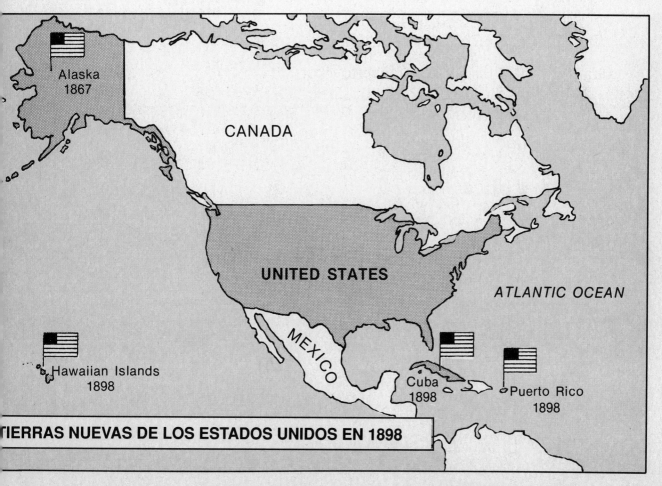

TIERRAS NUEVAS DE LOS ESTADOS UNIDOS EN 1898

★ **Lee y recuerda**

Encierra la respuesta ★ Dibuja un círculo alrededor de la respuesta correcta.

1. ¿Qué país quería venderle Alaska a los Estados Unidos?

   Inglaterra   Francia   Rusia

2. ¿Qué buscaba la gente en Alaska en 1899?

   pieles   oro   focas

3. ¿Cuándo se convirtió Hawaii en un estado de los Estados Unidos?

   1898   1959   1867

4. ¿Dónde luchaba la gente para liberarse de España?

   Hawaii   Canadá   Cuba

5. ¿Contra qué país luchó los Estados Unidos en 1898?

   Inglaterra   Rusia   España

6. ¿Qué isla es un país independiente hoy en día?

   Guam   las Filipinas   Puerto Rico

7. ¿En dónde son los habitantes ciudadanos estadounidenses?

   Guam y Puerto Rico   Cuba y las Filipinas

★ **Razona y aplica**

Hecho u opinión ★ Un **hecho** es algo que es cierto. Una **opinión** es lo que una persona piensa de algo.

> HECHO = Alaska es un estado grande.
> OPINIÓN = Alaska está muy lejos para ser un estado.

Escribe una **H** junto a cada hecho y una **O** junto a cada opinión. Hay dos opiniones.

_____ 1. Los Estados Unidos compró Alaska por $7,200,000.

_____ 2. Alaska es un congelador enorme y desagradable.

_____ 3. La gente viajaba a Alaska a buscar oro.

_____ 4. Hawaii está a unas 2,000 millas de California.

_____ 5. Las Islas Hawaianas son muy hermosas.

_____ 6. En 1898 los soldados estadounidenses capturaron Puerto Rico.

★ Desarrollo de destrezas

Lee un mapa histórico ★ Un mapa histórico muestra la historia de una zona. El mapa de las páginas 14 y 15 muestra los Estados Unidos en 1898. Contesta las siguientes preguntas acerca del mapa. Escribe oraciones completas.

1. ¿Qué nuevo territorio obtuvo los Estados Unidos en 1867?

   _____

2. ¿Qué dos islas cerca de la China obtuvo los Estados Unidos en

   1898? _____

3. ¿Qué islas del Océano Pacífico poseía los Estados Unidos en

   1898? _____

   _____

4. ¿Qué isla cerca de Cuba poseía los Estados Unidos en 1898?

   _____

5. ¿Qué tierras de los Estados Unidos estaban más al norte en 1867?

   _____

   _____

CAPÍTULO 4

Inventos cambian a los Estados Unidos

Palabras nuevas ☆ máquinas ✶ teléfono ✶ invento ✶ Alexander Graham Bell ✶ inventar ✶ Escocia ✶ sordo ✶ Thomas Edison ✶ la bombilla eléctrica ✶ Henry Ford ✶ la compañía de Ford ✶ caro ✶ cinta transportadora

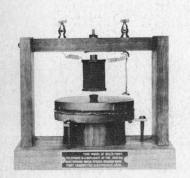

UNO DE LOS PRIMEROS TELÉFONOS

Los Estados Unidos empezó con 13 estados y llegó a tener 50 estados. Cambió también en otras maneras. Al principio, muchas personas vivían en granjas y pocas vivían en las ciudades. Hoy en día, la mayoría vive y trabaja en las ciudades.

Hace 200 años, los estadounidenses tenían muy pocas máquinas. No había ni teléfonos ni autos ni luz eléctrica. La gente montaba a caballo. La gente usaba velas para alumbrar sus casas. Los

Alexander Graham Bell trabajó por dos años para hacer un teléfono que funcionara.

Thomas Edison hizo muchos tipos de bombillas hasta encontrar una que alumbrara por mucho tiempo.

UN TELÉFONO ACTUAL

INGLATERRA Y ESCOCIA

estadounidenses aprendieron a fabricar máquinas nuevas. Se le llama un invento a una máquina nueva. Los nuevos inventos hicieron la vida más fácil y mejor para los estadounidenses.

Alexander Graham Bell fabricó, o inventó, el primer teléfono. Nació en Escocia, pero vino a América. Alexander era maestro de niños sordos y les enseñaba a hablar.

Alexander Graham Bell quería fabricar una máquina que le permitiera hablarse a la gente que estaba lejos. Trabajó en una máquina por dos años y al final, en 1876, ésta funcionó. Había fabricado el primer teléfono del mundo. Poco después, se fabricaron muchísimos teléfonos.

Hace mucho tiempo, las casas y las calles estaban a oscuras porque no había luz eléctrica. Thomas Edison cambió la situación al inventar la primera bombilla eléctrica. Edison empezó su trabajo en 1879 y trabajó por muchos meses. Hizo muchas bombillas que no funcionaron, pero Edison siguió tratando de fabricar una bombilla eléctrica.

Finalmente, después de muchos meses, su bombilla funcionó. Pero la bombilla alumbraba por poco tiempo. Edison quería que alumbrara por mucho tiempo. Continuó fabricando distintas bombillas que alumbraban por más tiempo. Este invento cambió a los Estados Unidos. Hizo que las casas y las calles tuvieran luz de noche.

Por siglos, la gente montaba a caballo. Henry Ford cambió la manera en que viajaba la gente. En 1896, fabricó uno de los primeros automóviles. Fundó una fábrica de automóviles que se llamó la compañía de Ford. Henry no quería que sus automóviles fueran caros para que muchos pudieran comprarlos.

PRIMERA BOMBILLA ELÉCTRICA
QUE VENDIÓ EDISON

Henry Ford fabricó uno de los primeros automóviles en los Estados Unidos.

Se armó un auto en menos de dos horas porque la cinta transportadora lo movió de un lugar de la fábrica a otro.

Los automóviles se fabricaban rápidamente en la compañía de Ford. Como se los hacían rápido, costaban menos. Millones de estadounidenses compraron los autos de Ford. Los Estados Unidos llegó a ser una nación que viajaba en automóvil.

En la fábrica de Ford, una cinta transportadora llevaba el cuerpo del auto hasta los trabajadores. Cada uno le ponía una parte diferente al automóvil. Los trabajadores se quedaban en un lugar y hacían el mismo trabajo todos los días. En menos de dos horas se armaba un automóvil.

El uso de la cinta transportadora cambió a los Estados Unidos. Hizo que las fábricas hacían los productos más rápido y barato. Hoy en día, se usa la cinta transportadora en casi todas las fábricas.

El teléfono, la bombilla eléctrica, el auto y la cinta transportadora fueron inventos que cambiaron la forma en que vivían los estadounidenses.

USA LO QUE HAS APRENDIDO

★ Lee y recuerda

Completa ★ Escoge la palabra o frase en negrita para completar cada oración. Escribe la palabra o frase en el espacio en blanco.

teléfono	invento	cinta transportadora
mucho	caros	velas

1. Antes de que Thomas Edison inventara la bombilla eléctrica,

   muchas casas se alumbraban con _____.

2. Una nueva máquina se llama un _____.

3. Alexander Graham Bell inventó una máquina que permitía que las personas que estaban lejos pudieran hablarse. Se le llamó a esta

   nueva máquina el _____.

4. Thomas Edison trató de fabricar bombillas eléctricas que

   alumbraran por _____ tiempo.

5. Millones de personas compraron los automóviles de Henry Ford

   porque los autos no eran _____.

6. En la compañía de Ford, una _____ llevaba los cuerpos de los automóviles hasta los trabajadores.

★ Razona y aplica

Compara ★ Lee las oraciones que siguen y decide si hablan de la vida de las personas antes o después de los inventos. Escribe **antes** junto a la oración si habla de la vida antes de los inventos y **después** si habla de la vida después de los inventos.

_____ 1. La gente leía a la luz de velas.

_____ 2. Las calles estaban bien alumbradas.

_____ 3. Sólo se jugaba al béisbol durante el día.

_____ 4. Las personas tomaban taxis para ir al aeropuerto.

_____ 5. La gente llamaba a sus amigos en otras ciudades en Año Nuevo.

_____ 6. La gente iba a caballo de un lugar a otro.

★ Desarrollo de destrezas

Lee una tabla ★ Una **tabla** muestra un grupo de hechos. Nos ayuda a ver estos hechos rápidamente. Lee la tabla que sigue y entérate de cómo los inventos cambiaron a los Estados Unidos. Luego dibuja un círculo alrededor de la respuesta que complete cada oración.

Inventos que cambiaron a los Estados Unidos			
Inventor	Invento	Fecha	Cómo cambió a los Estados Unidos
Alexander Graham Bell	teléfono	1876	Las personas que están lejos pueden hablarse.
Thomas Edison	bombilla eléctrica	1879	Las luces eléctricas se usan para alumbrar casas, calles, escuelas y oficinas.
Henry Ford	automóvil	1896	La gente viaja en autos en vez de a caballo.

1. Para obtener toda la información sobre Henry Ford, lee la tabla de _____.

   lado a lado   arriba a abajo

2. Para obtener toda la información sobre los inventos que cambiaron a los Estados Unidos, lee la tabla de _____.

   lado a lado   arriba a abajo

3. Alexander Graham Bell inventó _____.

   el automóvil   el teléfono   la bombilla eléctrica

4. El automóvil fue inventado por _____.

   Ford   Edison   Bell

5. Las personas que estaban lejos pudieron hablarse cuando se inventó _____.

   el automóvil   el teléfono   la bombilla eléctrica

CAPÍTULO 5

Una nueva vida en los Estados Unidos

Palabras nuevas ☆ inmigrantes ⋆ Alemania ⋆ Irlanda ⋆ morir de hambre ⋆ irlandeses ⋆ John F. Kennedy ⋆ bisabuelo ⋆ China ⋆ Italia ⋆ Polonia ⋆ llena de gente ⋆ Jacob Riis ⋆ Dinamarca ⋆ periódico ⋆ reportero ⋆ fotografías

MUJERES INMIGRANTES

Hace mucho tiempo, en 1585, personas de Inglaterra vinieron a vivir en América. En 1607 los ingleses fundaron un poblado en América llamado Jamestown. Desde entonces, muchas personas de otros países han venido a América. Las personas de otros países que vienen a vivir en América son inmigrantes. Los inmigrantes de muchos países ayudaron a formar los Estados Unidos. Tal vez tengas amigos o parientes que inmigraron al país.

Estos inmigrantes acaban de llegar de Europa a los Estados Unidos en un barco.

Esta familia de inmigrantes vino de la China. Vivían en una casa grande en Oregon.

EL PRESIDENTE KENNEDY

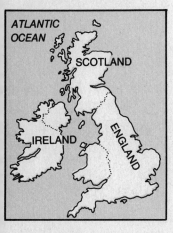

INGLATERRA, ESCOCIA E IRLANDA

Hay más inmigrantes en los Estados Unidos que en cualquier otro país. ¿Por qué?

Al principio, la mayoría de los inmigrantes venían de Inglaterra y de otros países del oeste de Europa. Muchos venían en busca de la libertad de religión. Otros venían porque se oponían a las leyes de sus países. Muchos venían porque eran pobres y pensaban que en América podrían ganar más dinero.

Antes de 1880, llegaron muchas personas de Alemania y del norte de Europa. Muchos de ellos habían sido granjeros en Europa y se hicieron buenos granjeros en los Estados Unidos.

Irlanda es un país cerca de Inglaterra. En los años cuarenta, los granjeros de Irlanda perdieron muchas de sus cosechas. Muchos irlandeses se murieron de hambre. Antes de la Guerra Civil, miles de irlandeses vinieron a los Estados Unidos. Eran pobres y tenían hambre. Aquí ayudaron a construir ferrocarriles, y trabajaron en fábricas. John F. Kennedy era un irlandés americano que llegó a ser presidente de los Estados Unidos. Su bisabuelo había sido un inmigrante irlandés.

25

Muchos inmigrantes de la China vinieron a los Estados Unidos después de la Guerra Civil. Algunos ayudaron a construir los ferrocarriles del oeste.

Después de 1880, llegaron muchos inmigrantes de Italia, Rusia y Polonia. Eran pobres y no tenían suficiente comida. No conseguían trabajo en sus países, así que vinieron a América.

Muchos inmigrantes de Rusia y Polonia eran judíos. No tenían la libertad de religión en sus países. En América tenían esta libertad y mejores empleos.

La mayoría de los inmigrantes de Italia, Rusia y Polonia vivían en las ciudades grandes de los Estados Unidos. Muchos se establecieron en la ciudad de New York. Ellos tenían problemas en América. Vivían en casas pequeñas, llenas de gente. Tenían que aprender a leer, escribir y hablar inglés. Muchos trabajaban en las fábricas sucias y ganaban muy poco dinero. Por eso, sus niños tenían que trabajar también.

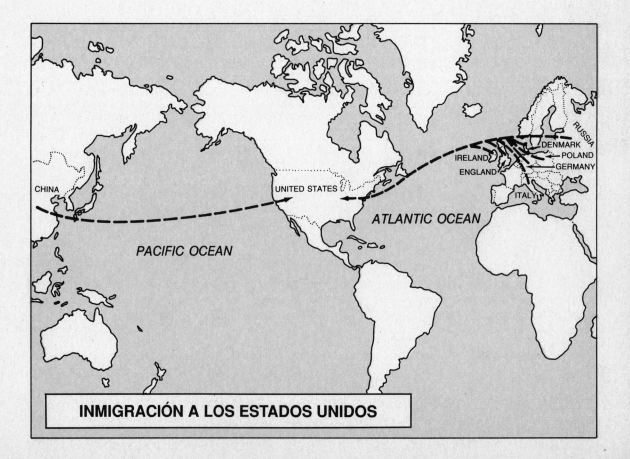

INMIGRACIÓN A LOS ESTADOS UNIDOS

Muchas familias de inmigrantes en New York vivían en edificios llenos de gente. Los niños sólo podían jugar en las estrechas calles.

Los niños iban a las escuelas gratuitas de los Estados Unidos. Sus padres estudiaban inglés en las escuelas nocturnas para adultos. Las escuelas los ayudaban a convertirse en estadounidenses. Después de haber vivido en los Estados Unidos por 5 años, podían hacerse ciudadanos con el derecho de votar.

JACOB RIIS

Jacob Riis era un inmigrante de Dinamarca. Se hizo reportero en la ciudad de New York. A Jacob Riis le gustaba mucho ser estadounidense. Quería ayudar a los inmigrantes pobres en las ciudades.

Jacob Riis escribió historias en los periódicos y unos libros sobre los nuevos inmigrantes. Tomó fotografías que mostraban las casas feas y llenas de gente donde vivían los inmigrantes. Sus historias contaban como no había parques donde los niños pudieran jugar. A través del trabajo de Jacob Riis, muchos supieron de la vida de los inmigrantes y querían ayudarlos. Se construyeron mejores casas, parques y lugares para jugar.

Millones de inmigrantes ayudaron a formar los Estados Unidos. Algunos tenían tiendas o eran granjeros. Algunos llegaron a ser ricos. Otros llegaron a ser líderes del gobierno. Otros se hicieron maestros y médicos. Muchos construyeron fábricas y ferrocarriles.

Hoy en día las leyes permiten que muchos miles de inmigrantes vengan a los Estados Unidos. Este año y todos los años, miles de personas de otros países empezarán una nueva vida en los Estados Unidos.

USA LO QUE HAS APRENDIDO

★ Lee y recuerda

Busca la respuesta ★ Escribe una marca (x) junto a las oraciones que digan por qué las personas vinieron a los Estados Unidos. Debes marcar tres respuestas.

_____ 1. Querían vivir cerca del océano.

_____ 2. Querían tener la libertad de religión.

_____ 3. Querían ganar más dinero.

_____ 4. Querían vivir en casas pequeñas con mucha gente.

_____ 5. Se oponían a las leyes de su país de origen.

★ Razona y aplica

Busca la idea principal ★ Una **idea principal** es una idea importante en un capítulo. Las ideas menos importantes apoyan la idea principal. Lee los grupos de oraciones que siguen. Una oración es la idea principal y las otras dos apoyan esta idea. Escribe una **P** junto a la idea principal de cada grupo. El primero está hecho.

1. _____ Vinieron inmigrantes de Alemania.

   _____ Vinieron inmigrantes de Irlanda.

   __P__ Los inmigrantes de muchos países ayudaron a formar los Estados Unidos.

2. _____ Algunos inmigrantes vinieron por la libertad de religión.

   _____ Los inmigrantes vinieron por muchas razones.

   _____ Algunos inmigrantes vinieron para ganar más dinero.

3. _____ En los años cuarenta, muchos irlandeses no podían ganar suficiente dinero.

   _____ Muchos irlandeses se morían de hambre.

   _____ Los irlandeses que vinieron a los Estados Unidos tenían hambre y eran pobres.

4. _____ Muchos inmigrantes tenían problemas en América.

_____ Muchos inmigrantes no podían hablar inglés.

_____ Muchos inmigrantes no sabían leer ni escribir.

5. _____ Riis describió las casas llenas de inmigrantes.

_____ Riis escribió que no había parques donde
los niños pudieran jugar.

_____ Jacob Riis quería ayudar a los inmigrantes.

★ Desarrollo de destrezas

Lee una gráfica de barras ★ Una **gráfica de barras** usa barras para darnos información. Puedes comparar la información en una gráfica de barras. Estudia esta gráfica de barras que muestra cuántos inmigrantes de cinco lugares vinieron a los Estados Unidos entre 1820 y 1860. Luego dibuja un círculo alrededor de la palabra que complete cada oración.

INMIGRANTES QUE ENTRARON A LOS ESTADOS UNIDOS, 1820-1860							
Irlandeses							
Alemanes							
Ingleses							
Latino-americanos							
Asiáticos							

250,000   500,000   750,000   1,000,000   1,250,000   1,500,000   1,750,000   2,000,000

1. El mayor número de inmigrantes entre 1820 y 1860 eran _____.

   irlandeses   ingleses   asiáticos

2. El menor número de inmigrantes eran _____.

   alemanes   latinoamericanos   asiáticos

3. Había más inmigrantes ingleses que _____.

   irlandeses   alemanes   asiáticos

4. Había menos inmigrantes alemanes que _____.

   irlandeses   ingleses   asiáticos

CAPÍTULO 6

Los negocios se agrandan

Palabras nuevas ☆ gran negocio ★ controlar ★ hierro ★ mineral ★ acero ★ Andrew Carnegie ★ siderúrgicas ★ Minnesota ★ barrenar ★ refinerías ★ John D. Rockefeller ★ Compañía Petrolífera Standard ★ millonario

ANDREW CARNEGIE

La vida en los Estados Unidos cambiaba. Al principio de la historia del país, muchas personas vivían y trabajaban en granjas. Después de la Guerra Civil, mucha gente se mudó a las ciudades para vivir y trabajar. Miles de personas trabajaban en fábricas, ferrocarriles, tiendas y otros tipos de negocios.

A veces un solo negocio obtuvo muchas fábricas o negocios pequeños. Así se hizo un gran negocio. Los ferrocarriles eran un ejemplo de grandes

Por muchos años, una sola persona controlaba la mayoría de los ferrocarriles de los Estados Unidos.

Ésta es una fábrica donde se hacía acero.

UNA MÁQUINA HECHA
DE ACERO

negocios. A veces, una sola persona controlaba un negocio muy grande. Por unos años, una sola persona controlaba la mayoría de los ferrocarriles de los Estados Unidos. Esta persona podía decidir cuánto deberían pagar las personas por viajar en tren.

Antes de la Guerra Civil, la mayoría de las máquinas se hacían de un metal que se llama hierro. El hierro se hace de un mineral que se encuentra en la tierra. Las vías ferroviarias estaban hechas de hierro y, como el hierro no es muy fuerte, no duraban mucho. Un inglés encontró un modo de hacer que el hierro fuera más fuerte. Limpiaba bien el hierro y se le añadía otras cosas para convertirlo en acero, un metal fuerte. Hoy en día, los edificios altos, las vías ferroviarias y los vagones están hechos de acero.

Andrew Carnegie era un inmigrante de Escocia. Se mudó a los Estados Unidos cuando era niño. En Pennsylvania, él construyó siderúrgicas, que eran fábricas para producir acero. Se las llamó la Compañía Carnegie de Acero. Andrew Carnegie se hizo muy rico y usó su dinero para comprar otras

JOHN D. ROCKEFELLER

siderúrgicas. En 1899, él poseía la mayoría de las siderúrgicas de los Estados Unidos.

Carnegie también tenía ferrocarriles y barcos para mandar el acero a distintos lugares. Poseía algunas tierras en el estado de Minnesota donde estaba mucho del hierro necesario para fabricar el acero. Carnegie era "el rey del acero".

En 1859 se encontró petróleo en Pennsylvania. Poco después, la gente barrenaba en busca de petróleo por todos los Estados Unidos. Había que limpiar el petróleo antes de usarlo, y esto se hacía en las fábricas llamadas refinerías. En 1863, John D. Rockefeller construyó su primera refinería. Como sus negocios le iban bien, podía construir más refinerías. Las llamó la Compañía Petrolífera Standard.

Rockefeller vendía su petróleo a precios más bajos que los de otras compañías. Cuando estas compañías bajaron sus precios, perdieron mucho dinero, y Rockefeller las compró. En poco tiempo, él

Esta refinería fue de John D. Rockefeller. La foto es de 1876.

Éste es un antiguo pozo petrolero en Pennsylvania. Observa las altas torres de madera que se usaban para extraer el petróleo.

poseía casi todas las compañías de petróleo de los Estados Unidos y se hizo millonario.

John D. Rockefeller y Andrew Carnegie usaron su dinero para ayudar a otros. Dieron dinero a escuelas e iglesias. Andrew Carnegie usó su dinero para construir más de 2,500 bibliotecas.

Los grandes negocios de acero, ferrocarriles y petróleo convirtieron a los Estados Unidos en un país de edificios altos y muchas fábricas.

Muchos estadounidenses creían que no era bueno que unas pocas compañías tuvieran el control sobre todo el petróleo, el acero o los ferrocarriles. No era bueno que unos pocos decidieran lo que todos debían pagar por estas cosas. Se redactaron nuevas leyes en el Congreso que decían que unas pocas compañías no podían controlar los grandes negocios en los Estados Unidos.

USA LO QUE HAS APRENDIDO

★ Lee y recuerda

Cierto o falso ★ Escribe una **C** junto a la oración si es cierta o una **F** si es falsa.

_____ 1. Cuando un negocio tenía muchas fábricas o negocios más pequeños, se le llamaba gran negocio.

_____ 2. Las vías ferroviarias y los vagones ya están hechos de hierro.

_____ 3. Andrew Carnegie usó su dinero para construir bibliotecas.

_____ 4. En 1859 se encontró petróleo en California.

_____ 5. Se limpia el petróleo en las refinerías.

_____ 6. Rockefeller poseía casi todas las compañías de petróleo en los Estados Unidos.

★ Razona y aplica

Causa y efecto ★ Lee cada par de oraciones. Escribe una **C** junto a la oración que indica una causa y una **E** junto a la que indica un efecto.

1. _____ El hierro no es muy fuerte.

   _____ Las vías ferroviarias de hierro no duraban mucho.

2. _____ Andrew Carnegie se hizo millonario.

   _____ Andrew Carnegie construyó siderúrgicas.

3. _____ La gente construía refinerías.

   _____ Hay que limpiar el petróleo antes de usarlo.

4. _____ Rockefeller poseía casi todas las compañías de petróleo.

   _____ Rockefeller compraba compañías de petróleo.

5. _____ Muchos creían que no era bueno que pocas compañías controlaran el petróleo, el acero o los ferrocarriles.

   _____ Se redactaron leyes que decían que unas pocas compañías no podían controlar todos los grandes negocios.

★ Desarrollo de destrezas

Usa la leyenda de un mapa ★ Los mapas nos muestran muchas cosas. Los dibujos en el mapa representan cosas en el mundo. La **leyenda del mapa** nos dice lo que significan los dibujos.

Este mapa muestra algunos de los **recursos naturales** que hay en los Estados Unidos. Obtenemos los recursos naturales de la tierra. Busca la leyenda del mapa y dibuja un círculo a su alrededor. Luego, contesta las preguntas.

1. Nombra dos estados donde haya carbón.

   _____   _____

2. Nombra dos recursos naturales de California.

   _____   _____

3. Nombra dos estados donde haya hierro.

   _____   _____

4. Nombra el recurso natural que puede encontrarse en la Florida,

   Alabama y Texas. _____

CAPÍTULO 7

Los sindicatos ayudan a los obreros

Palabras nuevas ☆ dueño ★ jefe ★ sindicatos laborales ★ salarios ★ miembros ★ huelga ★ Sam Gompers ★ Federación Americana del Trabajo ★ negar ★ Mary Jones

UNA NIÑA TRABAJANDO EN UNA FÁBRICA

¿Deben trabajar los niños todo el día en una fábrica sucia? Los dueños de las fábricas decían que sí, pero los obreros decían que no. ¿Deben trabajar de 12 a 15 horas al día los obreros? Los dueños decían que sí y los obreros que no.

En 1900 millones de personas trabajaban en fábricas. Muchos trabajadores eran inmigrantes, y muy pocos hablaban inglés. Por eso no podían hacer otro tipo de trabajo. Tenían que trabajar de 12 a 15 horas al día en fábricas sucias y peligrosas. La

Muchas personas trabajaban por muchas horas en fábricas peligrosas.

Muchos trabajaban en sus casas. Estas
personas están haciendo cigarros.

mayoría no ganaba suficiente dinero para mantener a
sus familias. Sus niños no podían jugar porque tenían
que trabajar en las fábricas también. Todos los
obreros tenían miedo de pedirles más dinero a sus
jefes, los dueños. Si perdieran su trabajo, no
recibirían ni un centavo para sus familias.

Los trabajadores decidieron ayudarse a sí mismos.
Fundaron sindicatos laborales. Un sindicato laboral es
un grupo de trabajadores que lucha por obtener
mejores salarios de las compañías. Los líderes de los
sindicatos pueden pedirles mejores salarios a los
jefes. Si el jefe les dice que no, entonces los
miembros del sindicato pueden decidir dejar de
trabajar hasta que les den mejores salarios. A esto
se le llama una huelga.

Cuando los miembros del sindicato no trabajan
porque quieren más dinero, se dice que están "en
huelga". A los dueños de las fábricas no les gustan
las huelgas porque sus fábricas no pueden producir
nada durante la huelga. Con frecuencia, las
compañías les pagarán mejores salarios a sus

trabajadores porque no quieren que estén en huelga. Los sindicatos laborales ayudan a los trabajadores a obtener mejores salarios.

Sam Gompers era un famoso líder laboral. Era un inmigrante judío de Inglaterra. Cuando tenía 13 años, trabajaba en una fábrica. Más tarde, se hizo líder de un sindicato laboral en la fábrica.

Sam Gompers pensaba que los obreros de todo el país necesitaban sindicatos. Pensaba que nuevas leyes eran necesarias, como leyes que les prohibieran trabajar a los niños. También quería una ley que limitara el día de trabajo a 8 horas. Además, quería una ley que permitiera las huelgas, porque a veces el gobierno las había prohibido.

En 1886 Gompers ayudó a fundar la Federación Americana del Trabajo (en inglés, la AFL). Muchos sindicatos se unieron a la AFL. Gompers fue su presidente por 37 años. Gompers y la AFL lucharon para que se redactaran nuevas leyes, y ayudaron a los trabajadores a conseguir mejores salarios.

Muchos negocios no querían que las personas se hicieran miembros de los sindicatos, y decían que no

SAM GOMPERS

Estos trabajadores están en huelga de brazos caídos.

tenían suficiente dinero para pagar mejores salarios. A veces, se negaban a hablar con los líderes de los sindicatos. Poco a poco, la AFL y las compañías aprendieron a trabajar juntos.

Mary Jones era una inmigrante irlandesa que ayudó a los trabajadores. La llamaban "Madre Jones" porque tenía 70 años de edad. Ella viajó por todo el país y ayudó a la gente a fundar sindicatos. Les dijo que las huelgas les ayudaran a obtener mejores salarios y menos horas de trabajo al día. La gente leía sobre Mary en los periódicos y sobre la falta de nuevas leyes para ayudar a los trabajadores. Madre Jones tenía 100 años cuando murió en 1930.

Hoy en día muchas leyes ayudan a los obreros. Gracias a las leyes, se permiten las huelgas, se prohíben que niños trabajen en las fábricas y se limita el día de trabajo a 8 horas. Según la ley, los que trabajan más horas reciben más dinero. Millones de personas son miembros de los sindicatos.

MADRE JONES

USA LO QUE HAS APRENDIDO

★ Lee y recuerda

Completa la oración ★ Dibuja un círculo alrededor de la palabra o frase que complete cada oración.

1. Los niños también tenían que _____ en las fábricas.

   jugar   trabajar   estudiar

2. Para obtener mejores salarios, los trabajadores fundaron _____.

   sindicatos laborales   escuelas   bibliotecas

3. Los miembros del sindicato que dejan de trabajar porque quieren ganar más dinero están _____.

   de vacaciones   en huelga   enfermos en sus casas

4. En 1886 Sam Gompers fundó la _____.

AFL   NFL   ABC

5. Madre Jones ayudó a los trabajadores a fundar _____.

escuelas   patios de recreo   sindicatos

★ Desarrollo de destrezas

Lee una gráfica lineal ★ Se usa una **gráfica lineal** para mostrar los cambios a través del tiempo. Estudia la gráfica de miembros de sindicatos de los Estados Unidos. Dibuja un círculo alrededor del año o de la palabra que complete cada oración.

NÚMERO DE MIEMBROS DE SINDICATOS EN LOS ESTADOS UNIDOS
1930-1985

1. La gráfica muestra el número de miembros de 1930 al _____.

1970   1975   1985

2. Los números de la izquierda representan los _____ de miembros.

millones   centenares   miles

3. Había el número mayor de miembros en _____.

1960   1970   1980

4. Entre 1950 y 1980 el número de miembros _____.

subió   bajó   subió y bajó

★ Razona y aplica

Saca conclusiones ★ Lee las primeras dos oraciones que siguen y luego lee la tercera. Fíjate cómo ésta sigue a las primeras dos oraciones. Esto se llama una **conclusión**.

Muchos inmigrantes no podían ser granjeros.
Muchos inmigrantes no tenían dinero.

CONCLUSIÓN   Los inmigrantes tenían que trabajar en las fábricas por poco dinero.

Lee las primeras dos oraciones. Escoge de la caja de abajo la conclusión correspondiente. Escribe su letra en el espacio en blanco. El primero está hecho.

1. Los trabajadores de fábricas trabajaban de 12 a 15 horas al día. Las fábricas estaban sucias y eran peligrosas.

   Conclusión __b__

2. Los obreros querían fábricas seguras.
   Los dueños no querían hacer los cambios que les pedían los obreros.

   Conclusión _____

3. Los trabajadores a veces piden mejores salarios.
   Los jefes no siempre les hacen caso a los líderes laborales.

   Conclusión _____

4. Sam Gompers quería una ley que dijera que los obreros sólo debían trabajar 8 horas al día.
   Quería una ley que permitiera las huelgas.

   Conclusión _____

---

a. Los obreros fundaron sindicatos para tener fábricas que fueran lugares seguros.
b. Los trabajadores de fábricas tenían una vida muy difícil.
c. Los trabajadores de fábricas se ponen en huelga.
d. Sam Gompers y la AFL ayudaron a que se redactaran leyes para los obreros.

CAPÍTULO 8 Las mujeres hacen grandes cambios

Palabras nuevas ☆ Jane Addams ★ vecindario ★ Hull House ★ Chicago, Illinois ★ kindergarten ★ clubs ★ Lillian Wald ★ enfermera ★ vecino ★ saludable ★ Henry Street Settlement House ★ Alice Hamilton ★ respirar ★ envenenamiento causado por plomo

JANE ADDAMS

Aprendimos en el capítulo 7 que los sindicatos laborales ayudaron a los obreros a obtener mejores salarios. Muchas personas necesitaban más ayuda, y tres mujeres las ayudaron.

Jane Addams quería hacer algo importante en su vida. Cuando era joven, visitó un vecindario viejo y atestado. Addams decidió ayudar a la gente de un vecindario atestado de inmigrantes.

En 1889 Jane Addams empezó a ayudar a las personas. Compró Hull House con su dinero y el dinero que le dio otra gente. Esta vieja casa en Chicago, Illinois, estaba en un vecindario de inmigrantes.

Jane Addams cuidaba de los niños del vecindario en Hull House.

HULL HOUSE EN 1900

CHICAGO, ILLINOIS

LILLIAN WALD

Hull House tenía una biblioteca y un kindergarten. Jane Addams fundó el primer patio de recreo de Chicago. Fundó clubs y un campamento de verano para niños. También ayudó a los inmigrantes a hacerse ciudadanos estadounidenses. Muchos aprendían a hablar inglés en Hull House.

Las personas en todo el país leían sobre Hull House. Poco después, se fundaron otras casas como ésta en otras ciudades.

Jane Addams hizo otras cosas por los inmigrantes y los trabajadores de fábricas. Escribió libros sobre sus problemas y les habló de ellos a muchas personas. Ella decía que hacían falta nuevas leyes para los trabajadores, las mujeres y los niños. Poco a poco, se redactaron nuevas leyes que ayudaron a millones de personas a vivir mejor.

La enfermera Lillian Wald también quería ayudar a los demás. Sus padres eran inmigrantes judíos. En 1895 Wald fundó una casa como Hull House en un vecindario atestado de New York. Sus vecinos eran inmigrantes pobres.

En la Henry Street Settlement House, Lillian Wald les enseñó a las madres cómo mantener saludables a sus hijos. Wald también tenía un kindergarten allí.

Esta casa se llamó la Henry Street Settlement House. Como Hull House, tenía un kindergarten, clubs, clases de inglés y una biblioteca.

Lillian Wald también ayudó a los enfermos. Llevaba a médicos y enfermeras a visitar a las familias. Les enseñó a las madres cómo mantener limpios y saludables a sus hijos. Wald sabía que había muchos niños enfermos en las escuelas públicas. Creía que debía haber enfermeras en las escuelas para cuidar a estos niños. A otros les gustaban las ideas de Wald, y poco después, había enfermeras en las escuelas públicas de New York.

Alice Hamilton era una médica que ayudaba a los trabajadores. Al principio, la Dra. Hamilton vivía y trabajaba en Hull House, donde cuidaba de los niños enfermos. Quería ayudar a los trabajadores porque el aire de muchas fábricas estaba contaminado. Ella decía que los obreros se enfermaban al respirar este aire. Por esa razón, ella visitó las fábricas de pintura.

En esos años, la pintura contenía plomo. La Dra. Hamilton probó que muchos trabajadores sufrían de envenenamiento causado por plomo. Los trabajadores envenenados se hacían débiles y, a veces, se morían. La Dra. Hamilton trabajó mucho para enseñarles a los dueños de las fábricas cómo hacer más seguras las fábricas y cómo mantener limpio el aire.

Alice Hamilton también trabajó por nuevas leyes para los trabajadores. Una nueva ley decía que los trabajadores debían recibir pago cuando sufrían accidentes de trabajo y no podían volver a trabajar. Otra ley decía que las fábricas debían ser lugares limpios y seguros. Gracias a la Dra. Hamilton, las fábricas de hoy son más limpias y seguras.

Jane Addams, Lillian Wald, Alice Hamilton y otras mujeres probaron que las mujeres podían conseguir importantes cambios en los Estados Unidos. Ellas ayudaron a muchos estadounidenses a vivir mejor.

ALICE HAMILTON

USA LO QUE HAS APRENDIDO

★ Lee y recuerda

Completa ★ Escoge una palabra o frase en negrita para completar cada oración. Escribe la palabra o frase en el espacio en blanco.

kindergarten   patio de recreo   enfermeras
enfermaban   ciudadanos

1. Jane Addams fundó el primer _____ de Chicago.

2. En Hull House, los inmigrantes estudiaban inglés. Jane Addams los ayudaba a hacerse _____ estadounidenses.

3. Había clubs, una biblioteca y un _____ en Hull House y en la Henry Street Settlement House.

4. Lillian Wald quería _____ para ayudar a los niños de las escuelas públicas de New York.

5. Alice Hamilton decía que los trabajadores se _____ por el aire contaminado.

★ Razona y aplica

Busca la relación ★ Completa cada oración del grupo A con una frase del grupo B. Escribe la letra correspondiente en el espacio en blanco.

GRUPO A

1. Jane Addams fundó Hull House porque _____.
2. Se enseñaba inglés en Hull House porque _____.
3. Lillian Wald quería que hubiera enfermeras en las escuelas públicas porque _____.
4. Lillian Wald fundó la Henry Street Settlement House porque _____.
5. Alice Hamilton les enseñó a los dueños cómo hacer sus fábricas más seguras porque _____.

GRUPO B

a. ella sabía que había niños enfermos en las escuelas.
b. quería ayudar a los inmigrantes de la ciudad de New York.
c. quería ayudar a los inmigrantes de Chicago.
d. muchos trabajadores morían de envenenamiento causado por plomo en las fábricas de pintura.
e. los inmigrantes necesitaban aprender inglés.

★ Composición

Jane Addams le pidió dinero a la gente para Hull House. ¿Por qué crees que le dieron dinero para fundar Hull House? Usa ideas del capítulo para contestar la pregunta. Escribe por lo menos tres oraciones.

_____

_____

_____

_____

_____

_____

★ Crucigrama

En cada una de las oraciones que siguen, falta una palabra. Escoge la palabra en negrita que completa cada oración. Escribe la palabra en el lugar correspondiente en el crucigrama.

HORIZONTALES

respirar   enfermera   Chicago   kindergarten   clubs

1. Jane Addams fundó _____ para los niños.

2. Lillian Wald era _____.

3. Los trabajadores de fábricas se enfermaban al _____ el aire contaminado.

4. _____ es una ciudad en el estado de Illinois.

5. Los niños iban a _____ en Hull House.

VERTICALES

saludables   vecinos   pagara   leyes

6. Lillian Wald les enseñó a las madres cómo mantener _____ a sus niños.

7. Muchos de los _____ de Jane Addams eran inmigrantes.

8. Alice Hamilton quería _____ para hacer las fábricas seguras y limpias.

9. Alice Hamilton quería que se les _____ a los trabajadores cuando sufrían un accidente en el trabajo.

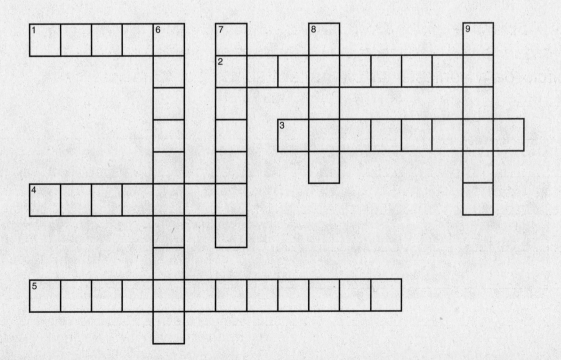

CAPÍTULO 9

Los estadounidenses aprenden a volar

Palabras nuevas ☆ Orville Wright ★ Wilbur Wright ★ motorizado ★ gasolina ★ motor ★ Kitty Hawk ★ imposible ★ Charles Lindbergh ★ piloto ★ París ★ héroe ★ Amelia Earhart ★ Fred Noonan ★ mejorar

ORVILLE Y WILBUR WRIGHT

Por siglos, los seres humanos querían volar, pero nadie lo logró hasta 1903. Los primeros en hacer un aeroplano que volara bien fueron los estadounidenses, los líderes en la invención de aviones.

Orville y Wilbur Wright eran dos hermanos que trabajaban juntos. Los llamaban los hermanos Wright. Cuando terminaron la escuela secundaria, abrieron una tienda de bicicletas, donde vendían bicicletas nuevas y arreglaban las que estuvieran rotas.

El aeroplano de los hermanos Wright voló por primera vez sobre Kitty Hawk, North Carolina.

48

Charles Lindbergh fue la primera persona en cruzar solo en avión el Océano Atlántico.

Los hermanos Wright querían hacer una máquina en la cual una persona pudiera volar. Los dos hermanos trabajaron en su aeroplano motorizado por muchos años. Fabricaron un motor de gasolina e hicieron diferentes tipos de alas. Finalmente, creían que su aeroplano contaba con las alas adecuadas para volar. Los hermanos estaban listos para su vuelo.

Orville y Wilbur Wright llevaron su aeroplano, *Flyer,* a Kitty Hawk, North Carolina. Decidieron volar su aeroplano el 17 de diciembre de 1903. Ese día, *Flyer* voló por el aire. Ya que los hermanos Wright habían hecho el primer aeroplano motorizado del mundo, los seres humanos podrían volar.

Los hermanos Wright y otros trataron de construir mejores aeroplanos porque los primeros sólo podían mantenerse en el aire por unos minutos. Poco después, se construyeron aeroplanos que podían volar por muchas horas.

¿Se podría cruzar volando en avión el Océano Atlántico? Por muchos años fue imposible atravesar el Océano Atlántico en avión. Charles Lindbergh decidió intentarlo solo. Era un piloto muy valiente. Mandó hacer un aeroplano nuevo para el vuelo a través del océano. Quería volar solo de New York a París, la capital de Francia.

El 20 de mayo de 1927, el aeroplano de Charles Lindbergh salió de New York. Lindbergh voló todo el día y toda la noche. Tenía frío y estaba cansado, pero no se podía dormir. Durante la noche, no podía ver por dónde volaba. Continuó volando por el cielo y, después de 33 horas, aterrizó en París. Charles Lindbergh fue un héroe. Probó que los pilotos podían atravesar los océanos en avión.

Las mujeres también querían ser pilotos. El 20 de mayo de 1932, Amelia Earhart atravesó el Océano Atlántico en avión y aterrizó a salvo en Irlanda. Earhart fue la primera mujer en volar sola a través del Océano Atlántico. Cuando regresó a los Estados

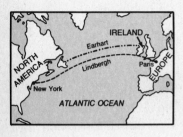

VUELOS ATLÁNTICOS DE
LINDBERGH Y EARHART

Amelia Earhart era una piloto estadounidense muy popular.

Unidos, Amelia Earhart era una heroína. Enseñó a otras personas a ser pilotos de aeroplanos.

En 1937 Amelia Earhart decidió volar alrededor del mundo. Le pidió a Fred Noonan, otro piloto, que volara con ella. Primero volaron sobre la América del Sur, África e India. Luego volaron sobre el Océano Pacífico. Earhart y Noonan nunca regresaron a los Estados Unidos. Su aeroplano se perdió en el Océano Pacífico. Nadie sabe qué les ocurrió. Muchos creen que murieron en el Océano Pacífico. Amelia Earhart era una piloto muy valiente.

En el siglo anterior, los estadounidenses tenían que pasar muchos meses viajando en carretas de New York a California. Hoy en día podemos volar de New York a California en sólo unas horas. Los aviones han mejorado muchísimo desde que los hermanos Wright hicieron su primer vuelo en Kitty Hawk.

AMELIA EARHART PILOTANDO
UN AEROPLANO

USA LO QUE HAS APRENDIDO

★ **Lee y recuerda**

Escribe la respuesta ★ Escribe una oración para contestar cada pregunta.

1. ¿Dónde hicieron su primer vuelo los hermanos Wright?

_____

_____

2. ¿Qué dos cosas hicieron los hermanos Wright para su aeroplano?

_____

_____

3. ¿Cuántas horas duró el viaje de Charles Lindbergh a París?

_____

_____

4. ¿Por qué se convirtió Charles Lindbergh en un héroe?

_____

_____

5. ¿Cómo son mejores los aviones actuales que los aeroplanos de los hermanos Wright?

_____

_____

★ Desarrollo de destrezas

Lee una línea cronológica ★ Una **línea cronológica** muestra los años en una línea. Las marcas en la línea muestran los hechos ocurridos. Observa esta línea cronológica. Luego, contesta las preguntas en oraciones completas.

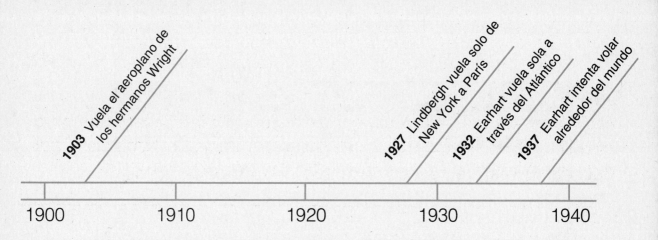

1903 Vuela el aeroplano de los hermanos Wright

1927 Lindbergh vuela solo de New York a París

1932 Earhart vuela sola a través del Atlántico

1937 Earhart intenta volar alrededor del mundo

1900   1910   1920   1930   1940

1. ¿La línea cronológica va de 1900 hasta qué año?_____

_____

2. ¿Cuál es el primer hecho en la línea cronológica?_____

_____

3. ¿Cuándo ocurrió el último hecho en la línea cronológica?_____

_____

4. ¿Qué pasó en 1927?_____

_____

★ Razona y aplica

Hecho u opinión ★ Lee las oraciones que siguen. Escribe una **H** junto a cada hecho y una **O** junto a cada opinión. Hay tres opiniones.

_____ 1. Los hermanos Wright inventaron el primer aeroplano motorizado.

_____ 2. Charles Lindbergh voló de New York a París en 33 horas.

_____ 3. Amelia Earhart era mejor piloto que Charles Lindbergh.

_____ 4. Amelia Earhart fue la primera mujer en volar sola a través del Océano Atlántico.

_____ 5. Da miedo volar solo.

_____ 6. Fred Noonan voló con Amelia Earhart a través del Océano Pacífico.

_____ 7. Volar es mejor que manejar.

★ Composición

Escribe un párrafo sobre los hermanos Wright, Charles Lindbergh o Amelia Earhart. Indica qué logró hacer la persona o la pareja y por qué es importante. Escribe por lo menos tres oraciones.

_____

_____

_____

_____

_____

_____

_____

_____

_____

CAPÍTULO 10

La Primera Guerra Mundial

Palabras nuevas ☆ aumentar el tamaño del ejército ★ Aliados ★ prometer ★ Potencias Centrales ★ Austria-Hungría ★ neutral ★ príncipe ★ Servia ★ armas ★ hundir ★ azúcar ★ rendirse ★ paz ★ tratado

---

EL PRESIDENTE WILSON

En 1914 empezó una guerra en Europa. Millones de soldados de muchos países lucharon en esta guerra que se le llamó la Gran Guerra. Ahora la conocemos como la Primera Guerra Mundial. ¿Cómo empezó esta guerra?

Muchos países de Europa aumentaban el tamaño de sus ejércitos para tener el ejército más poderoso. Había dos grupos de países en Europa. Inglaterra, Francia, Rusia y algunos otros países formaban el

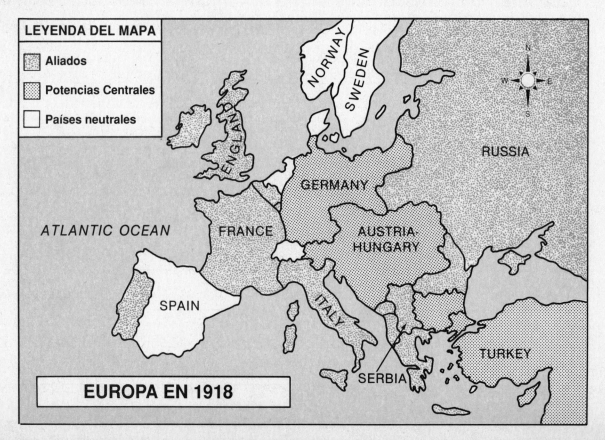

LEYENDA DEL MAPA

- ▨ Aliados
- ▨ Potencias Centrales
- ☐ Países neutrales

NORWAY

SWEDEN

ENGLAND

RUSSIA

GERMANY

ATLANTIC OCEAN

FRANCE

AUSTRIA-HUNGARY

SPAIN

ITALY

TURKEY

SERBIA

EUROPA EN 1918

Los soldados aliados observan unos aviones.

grupo que se llamaba los Aliados. Los Aliados prometieron ayudarse el uno al otro durante una guerra.

Alemania, Austria-Hungría y algunos otros países formaban el grupo que se llamaba las Potencias Centrales. Las Potencias Centrales también prometieron ayudarse durante una guerra.

Algunos países neutrales no querían ayudar ni a los Aliados ni a las Potencias Centrales. Durante la guerra, los neutrales no lucharon ni con uno ni con otro grupo. El mapa de la página 54 muestra a los Aliados, los neutrales y las Potencias Centrales.

Un día de 1914, un habitante de Servia le disparó al príncipe de Austria-Hungría y lo mató. Servia era un país pequeño de los Aliados. Los habitantes de Austria-Hungría estaban furiosos. Su ejército atacó a Servia. Ahora las Potencias Centrales ayudarían a Austria-Hungría, y los Aliados ayudarían a Servia. Así empezó la Primera Guerra Mundial.

Los Estados Unidos no quería luchar en la Primera Guerra Mundial. Muchos estadounidenses no querían luchar en una guerra al otro lado del Océano Atlántico. Los Estados Unidos era buen amigo de Inglaterra y Francia, que eran parte de los Aliados. Aunque no querían luchar, muchos estadounidenses querían que los Aliados ganaran. Por eso, enviaban barcos a Inglaterra con comida y armas para los Aliados que no tenían suficientes.

Alemania no quería que los Estados Unidos ayudara a los Aliados. En 1917, Alemania atacó los barcos estadounidenses. Muchos se hundieron y muchos hombres murieron. Los estadounidenses estaban furiosos; les disgustaba que sus ciudadanos murieran en el mar. Woodrow Wilson, el presidente de los Estados Unidos, decidió luchar y ayudar a los Aliados a ganar la guerra. El Congreso votó por luchar contra Alemania, y en 1917, los Estados Unidos entró en la Primera Guerra Mundial.

Los soldados estadounidenses marchan al barco que los llevará a Europa a luchar.

Cerca de dos millones de estadounidenses fueron a luchar en Europa. Los Aliados necesitaban más alimentos. Los estadounidenses comían menos carne, trigo y azúcar para mandárselos a los Aliados.

Los soldados estadounidenses ayudaron a los Aliados a ganar la guerra. Los soldados alemanes luchaban en Francia y trataban de capturar a París. Los Aliados no podían detenerlos. Los soldados estadounidenses ayudaron a los Aliados, y juntos le sacaron al ejército alemán de París.

Todos los Aliados luchaban contra el ejército alemán, que se hacía cada vez más débil. Los alemanes y las Potencias Centrales ya no podían ganar, así que se rindieron a los Aliados. La Primera Guerra Mundial terminó el 11 de noviembre de 1918. Todos los soldados regresaron a sus casas, y había paz en el mundo otra vez.

Los estadounidenses estaban contentos con la paz, pero estaban tristes por los soldados que murieron. El presidente Wilson quería paz para siempre, y fue a Francia para ayudar a redactar el tratado de paz. Quería que su nación trabajara por la paz mundial.

¿Habría otra terrible guerra? ¿Lucharían nuestros soldados por los Aliados otra vez? Encontrarás las respuestas en el capítulo 13.

CARTEL DE LA PRIMERA GUERRA MUNDIAL

USA LO QUE HAS APRENDIDO

★ Lee y recuerda

Encierra la respuesta ★ Dibuja un círculo alrededor de la respuesta correcta.

1. ¿Qué país no formaba parte de los Aliados?

   Inglaterra   Alemania   Francia   Rusia   Servia

2. ¿Qué país no formaba parte de las Potencias Centrales?

   Austria-Hungría   Inglaterra   Alemania

3. ¿Quién era presidente de los Estados Unidos durante la guerra?

   Roosevelt   Wilson   Lincoln

4. ¿Por quién luchó los Estados Unidos en la Primera Guerra Mundial?

   los Aliados   las Potencias Centrales   los países neutrales

5. ¿Dónde lucharon los estadounidenses contra Alemania?

   Servia   Francia   Austria-Hungría

★ Razona y aplica

Ordena los hechos ★ Indica el orden en que ocurrieron los hechos. Escribe **1, 2, 3, 4** ó **5** junto a cada oración.

_____ Las Potencias Centrales se rindieron ante los Aliados.

_____ El príncipe de Austria-Hungría murió de un disparo.

_____ Los Aliados sacaron al ejército alemán de París.

_____ Empezó la Primera Guerra Mundial.

_____ Alemania atacó los barcos estadounidenses.

★ Desarrollo de destrezas

Lee un mapa histórico ★ El **mapa histórico** de la página 54 muestra Europa durante la Primera Guerra Mundial. Estudia el mapa y contesta las preguntas. Usa la **leyenda del mapa** como ayuda.

1. Nombra tres países en el mapa que eran Aliados.

   _____

2. ¿Cuántos países en el mapa eran parte de las Potencias Centrales?

   _____

3. ¿Qué país está al norte de Servia?

   _____

4. Nombra dos países neutrales.

   _____

★ Crucigrama

En cada una de las oraciones que siguen, falta una palabra. Escoge la palabra en negrita que completa cada oración. Escribe la palabra en el lugar correspondiente en el crucigrama.

HORIZONTALES

Wilson   estadounidenses   prometieron   armas

1. Los soldados _____ ayudaron a los Aliados a ganar.

2. Todos los Aliados _____ ayudarse durante una guerra.

3. Los Estados Unidos enviaba alimentos y _____ a los Aliados.

4. El presidente _____ fue a Francia a ayudar a redactar un tratado de paz.

VERTICALES

Centrales   rindieron   Servia   neutrales

5. Un hombre de _____ mató al príncipe de Austria-Hungría.

6. Austria-Hungría y Alemania eran las Potencias _____.

7. Los países que no lucharon ni por los Aliados ni por las Potencias Centrales se llamaban los _____.

8. En 1918 Alemania y las Potencias Centrales se _____.

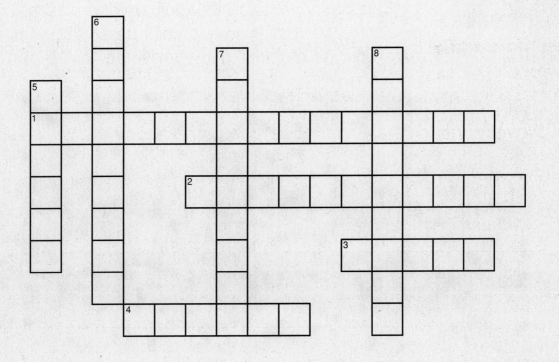

CAPÍTULO 11 Las mujeres pueden votar

Palabras nuevas ☆ carteros ★ Susan B. Anthony ★ propiedades ★ dedicar la vida ★ derechos de las mujeres ★ Elizabeth Cady Stanton ★ discursos ★ desfiles ★ letreros ★ elegir ★ policías

TRABAJADORAS DE FÁBRICAS
DURANTE LA GUERRA

Durante la Primera Guerra Mundial, los hombres estadounidenses ayudaron a los Aliados a luchar por la libertad en Europa. Al mismo tiempo, las mujeres también trabajaban por su país. Ellas aprendieron a hacer muchos trabajos que normalmente hacían los hombres. Algunas eran carteros, y otras trabajaban en las fábricas. Las mujeres trabajaron para ayudar a los Estados Unidos a ganar la guerra.

Las mujeres se enfurecían porque no podían votar. La Constitución de los Estados Unidos no les daba este derecho. Una nueva enmienda sería necesaria para que las mujeres pudieran votar.

Por lo general, se les pagaba más a los maestros que a las maestras.

60

Elizabeth Cady Stanton y Susan B. Anthony
trabajaron juntas por muchos años.

SUSAN B. ANTHONY

ELIZABETH CADY STANTON

Susan B. Anthony quería que las mujeres tuvieran el derecho al voto. Ella nació en 1820 y llegó a ser maestra. En esa época, las maestras ganaban menos que los maestros por el mismo trabajo. Susan B. Anthony dijo que esto era injusto.

Había otras cosas que no le gustaban a Susan B. Anthony. Las mujeres casadas no podían tener propiedades. Generalmente, tenían que darles sus propiedades a sus maridos. Muchas mujeres querían estudiar en la universidad con los hombres, pero ellos no les permitían estudiar en la mayoría de las universidades. Susan B. Anthony quería que las mujeres tuvieran los mismos derechos que los hombres. Dejó de enseñar y dedicó su vida a trabajar por los derechos de las mujeres.

Elizabeth Cady Stanton también quería que las mujeres tuvieran más derechos. Elizabeth Cady

Stanton y Susan B. Anthony eran buenas amigas. Las dos lucharon por una nueva enmienda a la Constitución que les permitiría votar a las mujeres. Muchos senadores y representantes en el Congreso no querían esta enmienda.

Anthony y Stanton viajaron por todo el país, dando muchos discursos. Les decían a los hombres y a las mujeres que una enmienda a la Constitución era necesaria para que las mujeres pudieran votar. Las amigas fundaron un periódico también. Sus historias en el periódico decían que las mujeres debían tener los mismos derechos que los hombres. Muchos se rieron de ellas porque no creían que más derechos fueran necesarios para las mujeres.

Anthony y Stanton trabajaron muchos años. Gracias a su trabajo, se cambiaron algunas leyes. Las mujeres pudieron tener propiedades y estudiar en muchas universidades. Elizabeth Cady Stanton murió en 1902 y Susan B. Anthony en 1906. Cuando murieron, todavía no existía la enmienda.

Otras mujeres continuaron trabajando por una enmienda que les diera el derecho al voto a las

Las mujeres marcharon en desfiles para mostrar que querían votar.

UNA MUJER HACIENDO
LABOR DE CARTERO

mujeres. Muchas mujeres fueron a Washington, D.C., donde marcharon en desfiles, llevando letreros en favor del derecho al voto. Finalmente, en 1920 se le añadió la enmienda a la Constitución. A veces, esta enmienda se llama la Enmienda Susan B. Anthony. Dice que las mujeres pueden votar. Por primera vez, en 1920 las mujeres votaron por el presidente de los Estados Unidos.

Hoy en día muchos estadounidenses opinan que las mujeres todavía no tienen los mismos derechos que los hombres. La mayoría de los médicos, choferes de autobuses y policías son hombres. Pero ahora más que nunca, hay mujeres que son médicas, choferes y policías. Algunas son senadoras y representantes en el Congreso. Los hombres y las mujeres estadounidenses continúan trabajando por los derechos de las mujeres.

USA LO QUE HAS APRENDIDO

★ Lee y recuerda

Completa la historia ★ Escoge una palabra en negrita y escríbela en el espacio en blanco para completar la historia.

derechos	Enmienda	periódico
propiedades	votar	discursos

Después de la Primera Guerra Mundial, muchas mujeres estaban

furiosas porque no podían _____. Las mujeres casadas

no podían tener _____. Susan B. Anthony y Elizabeth

Cady Stanton trabajaron por los _____ de las mujeres.

Dieron _____ y escribieron historias en su

_____. Luego, en 1920 la _____ Susan

B. Anthony les dio a las mujeres el derecho al voto.

Busca la idea principal ★ Lee los grupos de oraciones que siguen. Una oración es la idea principal. Las otras apoyan esta idea. Escribe una **P** junto a la oración que exprese la idea principal de cada grupo.

1. _____ Las mujeres trabajaban de carteros.

   _____ Durante la Primera Guerra Mundial, las mujeres hacían muchos de los trabajos que normalmente hacían los hombres.

   _____ Las mujeres trabajaban en fábricas.

2. _____ Las mujeres casadas no podían tener propiedades.

   _____ Las mujeres no tenían los mismos derechos que los hombres.

   _____ Las maestras ganaban menos que los maestros.

3. _____ Muchas mujeres trabajaron por tener el derecho al voto.

   _____ Las mujeres fueron a Washington, D.C., para pedir el derecho al voto.

   _____ Anthony y Stanton dieron discursos y escribieron historias en el periódico.

4. _____ Stanton y Anthony viajaron por todo el país dando discursos sobre los derechos de las mujeres.

   _____ Stanton y Anthony escribieron historias en el periódico sobre los derechos de las mujeres.

   _____ Stanton y Anthony trabajaron juntas por muchos años por los derechos de las mujeres.

★ **Composición**

Hoy en día las mujeres tienen más derechos que tenían en 1820. Escribe un párrafo sobre los derechos que han obtenido desde 1820.

_____

_____

_____

_____

_____

CAPÍTULO 12 La Gran Depresión

Palabras nuevas ☆ depresión ★ acciones ★ bolsa de valores ★ pedir prestado ★ colapso ★ productos ★ Herbert Hoover ★ popular ★ Franklin D. Roosevelt ★ Nuevo Trato ★ elegido ★ Segunda Guerra Mundial

BAILANDO POR DINERO

En 1930 muchos estadounidenses no tenían dinero para comprar ni una hogaza de pan, aunque sólo costaba cinco centavos. Fue la época de la Gran Depresión.

La Gran Depresión empezó en 1929. No fue la primera depresión del país, pero sí fue la más dura y larga. Duró más de diez años terribles.

¿Cómo empezó esta depresión? Por muchos años, la gente compraba acciones. Comprar acciones quiere decir poseer una pequeña parte de un negocio. Cuando el negocio gana dinero, las acciones ganan dinero. Luego la gente las vende a un precio más alto del precio a que las compró. Así se gana dinero.

Se venden y se compran acciones en la bolsa de valores.

"Con $100 puede comprar este auto. Necesito dinero. Perdí todo en la bolsa de valores".

VENDIENDO MANZANAS

UN PERIÓDICO DE 1929

Cuando el negocio no va bien, la gente vende sus acciones a un precio más bajo del precio que pagó por ellas. Así se pierde dinero.

La gente compraba acciones de muchos negocios. Las compró y vendió en la bolsa de valores, donde tienen lugar estas compras y ventas. Mucha gente no tenía suficiente dinero para comprar sus acciones y pedía prestado dinero de los bancos, que también compraban acciones.

El 29 de octubre de 1929, hubo un colapso de la bolsa de valores. La gente no sabía qué les pasaría a sus acciones, y las quería vender. Como nadie las quería comprar, los precios de las acciones bajaron. Se vendían las acciones a precios bajísimos, así que la gente perdió millones de dólares. No podía pagar al banco por sus préstamos. Los bancos también perdieron dinero. En poco tiempo, miles de personas se hicieron pobres.

Tres problemas graves ayudaron a causar la Gran Depresión. Después de la Primera Guerra Mundial, los granjeros cultivaban más alimentos de los que podían vender. Así que tenían que vender sus cosechas a precios más bajos de los precios a que

HERBERT HOOVER

compraban las semillas. Resultó que muchos perdieron sus granjas.

El segundo problema resultó de las fábricas que producían tantos productos que la gente no los podía comprar todos. Las fábricas vendían sus productos a precios cada vez más bajos. Muchas cerraron sus puertas y sus trabajadores se quedaron sin empleo.

El tercer problema resultó de salarios bajos. Los trabajadores no ganaban lo suficiente para comprar los productos de las granjas y las fábricas. Todo se hacía tan barato que todo el mundo perdió dinero. La Gran Depresión había empezado.

Herbert Hoover era presidente cuando empezó la depresión. Pensaba que no duraría mucho tiempo, pero con cada año, la depresión se empeoraba. Hoover no fue popular. Como la gente creía que él no hacía lo suficiente para terminarla, eligió a un nuevo presidente en 1932—Franklin D. Roosevelt.

Roosevelt se hizo presidente en 1933. Prometió un "Nuevo Trato" para el país y también prometió que intentaría acabar con la depresión.

Roosevelt y su Nuevo Trato ayudaron al país. Cuando él se hizo presidente, había 13 millones de personas sin trabajo. Roosevelt redactó leyes con el Congreso para crear nuevos empleos. El gobierno

Muchas familias perdieron sus granjas.

Durante el Nuevo Trato se le pagaba a la gente por construir casas y escuelas.

FRANKLIN D. ROOSEVELT

les pagó a personas por construir carreteras, puentes y parques. También se construyeron edificios y escuelas y se plantaron millones de árboles.

Roosevelt ayudó a los granjeros. Gracias a las leyes, ellos podían pedir prestado dinero y podían recibir dinero por no cultivar tantos alimentos. Resultó que los precios de alimentos subieron y los granjeros empezaron a ganar más dinero.

El presidente sabía que los bancos fuertes y solventes eran necesarios. Forzó a los bancos a cerrar por unos días y sólo permitió que abrieran de nuevo los bancos solventes. Pronto, la gente volvió a guardar su dinero en los bancos.

Franklin Roosevelt fue muy popular por 12 años. Fue el único presidente en ser elegido cuatro veces. La mayoría de la gente pensaba que él hacía mucho para acabar con la depresión.

Al empezar la Segunda Guerra Mundial, la depresión terminó. La guerra creó más trabajo. Los hombres se hicieron soldados. Los hombres y las mujeres trabajaron en fábricas de armas y de otras cosas. Poco a poco, la depresión fue terminando, pero la gente jamás se olvidaría de los años terribles de la Gran Depresión.

★ **Lee y recuerda**

Completa la oración ★ Dibuja un círculo alrededor de la palabra o frase que complete cada oración.

1. Para comprar acciones, la gente _____ dinero.

   compraba   debía   pedía prestado

2. Para tener una parte de un negocio, se pueden comprar _____.

   acciones   alimentos   préstamos

3. La depresión ocurrió cuando había un _____ de la bolsa de valores.

   colapso   comienzo   cierre

4. La gente creía que _____ no hizo lo suficiente para terminar la depresión.

   Hoover   Roosevelt   Harding

5. El plan de Roosevelt para salvar al país se llamaba _____.

   la Gran Depresión   la Gran Guerra   el Nuevo Trato

6. Durante el Nuevo Trato, se le pagaba a la gente por construir _____.

   cercas   puentes   graneros

Busca la respuesta ★ Escribe una marca (x) junto a las oraciones que describen los problemas que causaron la Gran Depresión. Debes marcar cuatro respuestas.

_____ 1. Los granjeros vendían sus cosechas por muy poco dinero.

_____ 2. Los trabajadores no ganaban lo suficiente para comprar alimentos y productos.

_____ 3. Casi todos los estadounidenses tenían trabajo.

_____ 4. Las fábricas tenían que cerrar porque no podían vender suficientes productos.

_____ 5. Los granjeros ganaban dinero extra porque vendían todas sus cosechas.

_____ 6. Mucha gente pidió prestado dinero para comprar acciones.

★ Razona y aplica

Busca la relación ★ Completa cada oración del grupo A con una frase del grupo B. Escribe la letra correspondiente en el espacio en blanco.

GRUPO A

1. La gente tenía partes de negocios porque _____.

2. Muchas personas pidieron prestado dinero para comprar acciones porque _____.

3. El 29 de octubre de 1929, demasiadas personas querían vender sus acciones porque _____.

4. Las cosechas se vendían a precios muy bajos porque _____.

5. El Congreso redactó leyes para crear nuevos trabajos para los estadounidenses porque _____.

GRUPO B

a. no tenían suficiente dinero para comprar las acciones.

b. los precios de las acciones en la bolsa de valores bajaron.

c. 13 millones de trabajadores estaban sin empleo.

d. compraba acciones.

e. los granjeros cultivaban más de lo que podían vender.

★ Composición

Estudia la fotografía de la página 66, arriba. Escribe una o dos oraciones que digan qué muestra la foto. Luego, escribe dos o tres oraciones sobre qué indica la foto de la Gran Depresión.

_____

_____

_____

_____

_____

_____

13 La Segunda Guerra Mundial

Palabras nuevas ☆ Adolf Hitler ★ poderoso ★ conquistar ★ bombas ★ tanques ★ Japón ★ países del Eje ★ campos de concentración ★ Holocausto ★ Winston Churchill ★ japoneses ★ Pearl Harbor ★ base naval ★ declarar la guerra

ADOLF HITLER

La Primera Guerra Mundial terminó en 1918. Después de 21 años, en 1939, empezó la Segunda Guerra Mundial. ¿Cómo empezó esta guerra? ¿Qué hizo los Estados Unidos durante esta guerra?

Inglaterra y Francia querían castigar a Alemania al final de la Primera Guerra Mundial e hicieron que Alemania les pagara grandes cantidades de dinero. Los alemanes estaban muy disgustados. En 1933 Adolf Hitler llegó a ser líder de Alemania. Hitler prometió que él le ayudaría a Alemania a volver a ser un país fuerte.

Alemania se preparaba para otra guerra. Construyó muchos tanques, como los de la foto.

71

Pronto, el ejército alémán capturó a muchos países europeos.

EUROPA EN 1939

Hitler les dijo a los alemanes que debían luchar en otra guerra porque la ganarían. Creía que Alemania podía conquistar y gobernar a Europa. A muchos alemanes les gustó lo que decía. Querían que Alemania fuera fuerte y poderosa otra vez. Los alemanes se preparaban para otra guerra. Por eso, construyeron aviones, bombas, tanques y barcos.

Italia y Japón también querían conquistar y gobernar a otros países. Alemania, Italia y Japón formaban los países del Eje y prometieron ayudarse durante una guerra. Inglaterra y Francia eran los Aliados, y los países que no querían luchar eran los neutrales.

La Segunda Guerra Mundial empezó en septiembre de 1939 cuando Alemania atacó a Polonia. Los Aliados no estaban listos, pero sí enviaron a sus soldados a ayudar a Polonia. Como el ejército alemán era muy fuerte, capturó a Polonia en unas semanas y continuó a capturar a otros países europeos.

Inglaterra y Francia trataron de detener al ejército alemán, pero sus ejércitos no eran lo suficientemente fuertes. Luego, los alemanes atacaron a Francia.

Capturaron rápidamente la ciudad de París y poco después gobernaban a Francia. Miles de soldados franceses e ingleses se escaparon de Francia en pequeños barcos y se fueron a Inglaterra. Estos soldados continuaron luchando contra Adolf Hitler.

Los años 1940 y 1941 fueron muy malos para los Aliados. Italia trataba de capturar el norte de África, y Japón atacaba los países de Asia. Alemania ya había conquistado muchos países de Europa.

UN CAMPO DE CONCENTRACIÓN

Hitler hizo cosas terribles en Europa. A la gente que le oponía a Hitler la mandaba a matar en los campos de la muerte, que se llamaban campos de concentración. Millones de personas murieron en estos campos. A Hitler no le gustaban los judíos y quería matar a todos los judíos de Europa. Seis millones de judíos murieron en los campos de concentración. A estos asesinatos de judíos y de otras personas se les llama el Holocausto. Nunca antes había muerto tanta gente por culpa de un solo líder.

Inglaterra era el único país de Europa que podía luchar contra Adolf Hitler. Inglaterra tenía un líder

Franklin Roosevelt y Winston Churchill trabajaron juntos para ayudar a vencer a los países del Eje.

EL PRESIDENTE ROOSEVELT

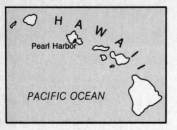

PEARL HARBOR, HAWAII

excelente que se llamaba Winston Churchill. Churchill decía que Inglaterra nunca se rendiría ante Hitler. En 1940, Alemania trató de capturar a Inglaterra y mandó a sus aviones a tirar bombas en las ciudades inglesas. Pero no se rindieron los valientes ingleses. Los pilotos ingleses derribaron centenos de aviones alemanes. Inglaterra seguía en libertad.

Franklin D. Roosevelt, el presidente de los Estados Unidos, sabía que Inglaterra no podía luchar contra Alemania sin la ayuda de los estadounidenses. Las fábricas de la nación hacían armas, aviones, bombas y tanques. El gobierno le prestó dinero a Inglaterra y le envió alimentos, armas y dinero.

El 7 de diciembre de 1941, los Estados Unidos tuvo que luchar. Los japoneses atacaron la base naval estadounidense de Pearl Harbor en Hawaii. Los japoneses destruyeron aviones y barcos y mataron a más de 2,000 soldados. Los estadounidenses estaban furiosos. Al día siguiente, la nación le declaró la guerra a Japón. Unos días después, Italia y Alemania dijeron que lucharían contra los Estados Unidos. Ahora la nación entró en guerra contra los países del Eje.

Los países del Eje estaban ganando la guerra en 1941. En el capítulo 14, aprenderás cómo los Estados Unidos ayudó a los Aliados a ganar la guerra.

USA LO QUE HAS APRENDIDO

★ **Lee y recuerda**

Encierra la respuesta ★ Dibuja un círculo alrededor de la respuesta correcta a cada pregunta.

1. ¿Qué tres países formaban parte de los países del Eje?

   Japón   Inglaterra   Alemania   Italia

2. ¿Qué dos países formaban parte de los Aliados?

   Inglaterra   Alemania   Francia

3. ¿Cuándo empezó la Segunda Guerra Mundial?

   1918   1939   1941

4. ¿Qué país quería conquistar y gobernar a Europa?

   los Estados Unidos   Polonia   Alemania

5. Adolf Hitler mató a millones de personas. ¿Dónde los mataba?

   en batallas   en campos de concentración   en escuelas

6. ¿Qué país no se rindió ante Hitler?

   Inglaterra   Francia   Polonia

7. ¿Qué país atacó la base naval de Pearl Harbor?

   Italia   Alemania   Japón

8. ¿Cuándo empezó los Estados Unidos a luchar en la guerra?

   1939   1941   1945

★ Razona y aplica

Causa y efecto ★ Lee los pares de oraciones. Escribe una **C** junto a la oración que indica una causa y una **E** junto a la que indica un efecto.

1. _____ Inglaterra y Francia querían castigar a Alemania.

   _____ Alemania tenía que pagarles mucho dinero a Inglaterra y Francia.

2. _____ Alemania construyó aviones, bombas, tanques y barcos.

   _____ Alemania quería ser fuerte y poderosa otra vez.

3. _____ Al principio de la Segunda Guerra Mundial, Polonia y los Aliados no estaban listos para la guerra.

   _____ Alemania conquistó a Polonia y a otros países Aliados.

4. _____ Seis millones de judíos murieron en los campos de concentración.

   _____ A Adolf Hitler no le gustaban los judíos.

5. _____ Los japoneses atacaron a Pearl Harbor.

   _____ Los Estados Unidos le declaró la guerra a Japón.

★ Desarrollo de destrezas

Lee una tabla ★ Esta **tabla** da información sobre los países que lucharon en la Segunda Guerra Mundial. Dibuja un círculo alrededor de la palabra o frase que complete cada oración.

NACIONES EN GUERRA

ALIADOS	EJE	PAÍSES NEUTRALES
los Estados Unidos	Alemania	Suiza
Inglaterra	Italia	Suecia
Francia	Japón	España
Rusia		
Canadá		
Australia		
México		

Esta tabla no muestra todos los países que participaron en la Segunda Guerra Mundial.

1. Para hallar un país que esté del lado de los Estados Unidos, busca bajo _____.

   Aliados   Eje   Países neutrales

2. Los Estados Unidos y _____ lucharon contra Alemania durante la Segunda Guerra Mundial.

   Japón   Suecia   Rusia

3. Los soldados de _____ lucharon contra los soldados alemanes.

   Canadá   España   Suecia

4. _____ no envió a soldados a luchar contra el Eje.

   Inglaterra   Suiza   Australia

CAPÍTULO 14

Termina la Segunda Guerra Mundial

Palabras nuevas ☆ racionar ★ balas ★ general Dwight D. Eisenhower ★ soldados aliados ★ italiano ★ invadir ★ general Douglas MacArthur ★ capturar ★ bomba atómica ★ Harry Truman ★ forzar ★ Hiroshima ★ Nagasaki

UNA TRABAJADORA DE FÁBRICA

Los países del Eje luchaban por conquistar a muchos países y estaban ganando la guerra. En diciembre de 1941, los Estados Unidos empezó a luchar en la Segunda Guerra Mundial. Sus soldados tenían que luchar contra Italia y Alemania en Europa y contra Japón en Asia. Millones de soldados ayudaron a los Aliados a ganar la guerra.

Durante la guerra, la vida en los Estados Unidos cambió de muchas maneras. La mayoría de los jóvenes luchaban en el ejército. Por eso, las mujeres trabajaban en las fábricas para hacer barcos, aviones, armas y ropa para los soldados.

Durante la guerra, los granjeros de los Estados Unidos cultivaban más alimentos.

Los granjeros en los Estados Unidos trabajaban para cosechar más alimentos para los soldados. Resultó que no había suficientes alimentos para todos en el país, y algunas cosas eran racionadas. Las familias sólo podían tener una pequeña cantidad de alimentos como la harina y el azúcar.

Los Estados Unidos necesitaba metal durante la guerra. Muchas personas recogían metales viejos para ser reusados en las fábricas para hacer armas, barcos y balas para la guerra.

DWIGHT D. EISENHOWER

Dwight D. Eisenhower era el general que mandó al ejército estadounidense en Europa. En 1944, se hizo líder de todos los soldados aliados. Los soldados de Inglaterra, Francia, Canadá, los Estados Unidos y otros países luchaban por los Aliados. Eisenhower ayudó a todos los soldados a trabajar juntos para luchar contra el Eje.

Eisenhower llevó a los soldados aliados a Italia. Los soldados alemanes fueron a Italia a luchar contra los Aliados. Los Aliados lucharon por muchos meses en Italia. Al fin, en 1944, Italia se rindió. Los italianos no volverían a luchar contra los Aliados.

El general Eisenhower era el líder de los soldados aliados en Europa. En la foto aparece marchando frente a unos soldados estadounidenses.

Los japoneses capturaron muchas islas del Océano Pacífico. Los soldados estadounidenses lucharon por quitárselas a los japoneses.

EL GENERAL MACARTHUR

EL SUDESTE DE ASIA

Adolf Hitler seguía gobernando a Francia y a la mayoría de Europa. El general Eisenhower quería que Francia fuera libre. En junio de 1944, invadió a Francia con miles de soldados aliados para luchar contra los alemanes. Después de dos meses, los Aliados capturaron a París y, pronto, Francia volvió a ser un país libre.

Los alemanes perdían la guerra, pero Adolf Hitler no se rendía. Los Aliados atacaron a Alemania. Los aviones estadounidenses tiraron bombas en las ciudades alemanas, y una gran parte del país fue destruida. Los alemanes sabían que no podían ganar, y el 7 de mayo del 1945, se rindieron ante los Aliados. Volvía a haber paz en Europa.

Miles de estadounidenses luchaban en Asia a la vez que Eisenhower y sus soldados luchaban en Europa. El general Douglas MacArthur, líder de las tropas estadounidenses en Asia, dijo que ayudaría a liberar a Guam y las Filipinas. Japón había capturado a éstas y a otras islas del Océano Pacífico.

MacArthur y sus soldados lucharon contra los japoneses en muchas islas del Océano Pacífico.

Poco a poco, los soldados capturaron a muchas islas de Japón. En 1944 regresaron a Guam y a las Filipinas y las liberaron por completo. Estaban ganando los estadounidenses. Atacaban a Japón, tirándole bombas desde sus aviones. Los japoneses estaban perdiendo, pero no se rendían.

Los Estados Unidos tenía una nueva arma muy peligrosa: una bomba poderosa que se llamaba la bomba atómica. Harry Truman, el presidente de los Estados Unidos, quería que la guerra se acabara pronto porque todos los días morían más soldados. Pero Japón no dejaba de luchar. Truman decidió hacer que Japón se rindiera. Decidió tirar la bomba atómica en una ciudad japonesa.

El 6 de agosto de 1945, los Estados Unidos tiró la primera bomba atómica que destruyó casi toda la ciudad de Hiroshima. Aunque miles de japoneses murieron, Japón no se rindió. Unos días después, se tiró la segunda bomba atómica, que cayó en la ciudad de Nagasaki y mató a otros miles de

En esta fotografía se ve una de las primeras pruebas de una explosión de la bomba atómica.

japoneses. Esta vez, Japón dejó de luchar y se rindió el 14 de agosto de 1945. Así terminó la Segunda Guerra Mundial. La paz volvió a Asia. Los soldados estadounidenses regresaron a su país. Los estadounidenses estaban contentos de que hubiera terminado esta terrible guerra.

USA LO QUE HAS APRENDIDO

★ Lee y recuerda

Completa ★ Escoge una palabra o frase en negrita para completar cada oración. Escribe la palabra o frase en el espacio en blanco.

rindieron	Francia	Segunda Guerra Mundial
alemanes	Guam	bombas atómicas

1. Los soldados _____ ayudaron a los italianos a luchar contra los soldados aliados.

2. En junio de 1944, invadió a _____ el general Eisenhower con miles de soldados aliados.

3. Los alemanes se _____ el 7 de mayo de 1945.

4. El general MacArthur ayudó a _____ y las Filipinas a liberarse de Japón en 1944.

5. Los aviones de guerra estadounidenses tiraron dos poderosas _____ en ciudades japonesas.

6. El 14 de agosto de 1945, la _____ terminó.

Escribe la respuesta ★ Escribe una oración para contestar cada pregunta.

1. ¿Cómo ayudaron los granjeros a los Estados Unidos durante la Segunda Guerra Mundial? _____

2. ¿Qué hacían las mujeres en las fábricas durante la Segunda Guerra Mundial? _____

3. ¿Contra quiénes lucharon los estadounidenses en el Océano

Pacífico?_____

4. ¿Quién decidió tirar la bomba atómica en una ciudad japonesa?

_____

★ Razona y aplica

Saca conclusiones ★ Lee cada par de oraciones. Busca en la caja de abajo la conclusión que puedes sacar de las oraciones. Escribe la letra de la conclusión en el espacio en blanco.

1. Durante la guerra, la mayoría de los hombres estadounidenses estaban en el ejército.
No podían trabajar en las fábricas.

Conclusión _____

2. Eisenhower se hizo líder de los soldados aliados en 1944.
En 1944, Hitler todavía gobernaba a Francia.

Conclusión _____

3. Los Aliados atacaron a Alemania.
La mayor parte de Alemania fue destruida.

Conclusión _____

4. Los Estados Unidos tiró la primera bomba atómica en una ciudad de Japón.
Japón todavía no se rendía.

Conclusión _____

---

a. Los Estados Unidos le tiró la segunda bomba atómica.
b. En 1944, Eisenhower llevó a los Aliados a Francia a luchar contra el ejército de Hitler.
c. Muchas mujeres trabajaban en las fábricas de los Estados Unidos.
d. Los alemanes se rindieron.

★ Desarrollo de destrezas

Lee una línea cronológica ★ Estudia la línea cronológica sobre la Segunda Guerra Mundial y contesta las preguntas que siguen.

1. ¿Cuál es el primer año en la línea cronológica? _____

2. ¿Cuál es el último año en la línea cronológica? _____

3. ¿Qué ocurrió en 1941? _____

4. ¿Cuál es el primer hecho para 1945?

   _____

5. ¿Cuándo se rindió Japón? _____

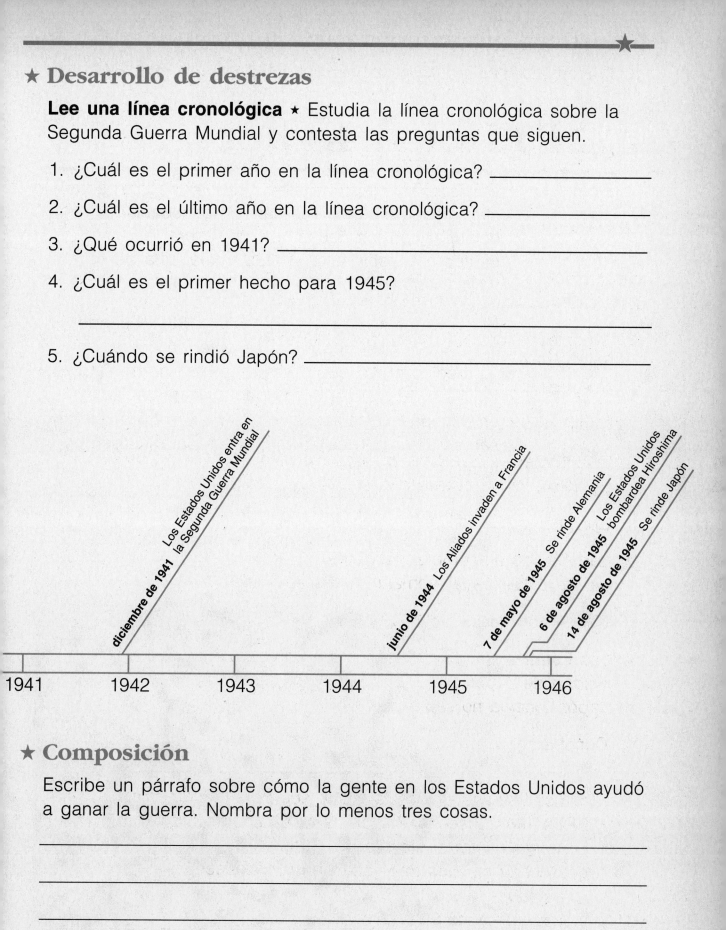

★ Composición

Escribe un párrafo sobre cómo la gente en los Estados Unidos ayudó a ganar la guerra. Nombra por lo menos tres cosas.

_____

_____

_____

_____

CAPÍTULO 15 Helen Keller

Palabras nuevas ☆ Helen Keller ★ ciego ★ sordo ★ enfermedad ★ Anne Sullivan ★ abecedario ★ deletrear con los dedos ★ sistema braille ★ puntos que sobresalen ★ voz ★ máquina de escribir

HELEN KELLER CUANDO
ERA NIÑA

Helen Keller nació en Alabama en 1880. Cuando Helen tenía casi dos años, se enfermó gravemente, y su médico creyó que moriría. La niña no murió, pero después de mejorarse, no podía ver ni oír. Su enfermedad la había dejado ciega y sorda. Helen no sabía hablar porque es muy difícil para los sordos aprender a hablar.

Había muy pocas escuelas para ayudar a los niños ciegos y sordos. Los padres de Helen querían ayudarla, pero no sabían cómo enseñarla. Buscaron

Anne Sullivan era la maestra de Helen Keller. Anne le enseña a Helen a "hablar" deletreando con los dedos.

Helen Keller aprendió a leer con el sistema braille. En este sistema las letras están hechas de puntos que sobresalen. Helen tocaba las letras para leerlas.

a una maestra para que lo hiciera. Anne Sullivan llegó a ser la maestra de Helen Keller.

Anne Sullivan fue a vivir en casa de Helen. Le enseñó a Helen a usar los dedos para deletrear palabras. Helen aprendió a mover los dedos para formar las letras del abecedario. Anne también deletreaba las palabras con los dedos. Helen tocaba la mano de Anne cuando Anne deletreaba con los dedos. De esta manera, Helen Keller y Anne Sullivan se hablaban.

Anne quería que Helen aprendiera a leer. Helen no podía leer con los ojos, pero sí aprendió a leer con los dedos. Los ciegos pueden usar los dedos para leer los libros escritos en el sistema braille. En los libros del sistema braille, las letras están hechas de puntos que sobresalen. Helen aprendió a leer al sentir estos puntos. Le encantaba aprender y disfrutaba de escribir historias.

Helen Keller quería aprender a hablar. Muchos pensaban que era imposible que una persona sorda y ciega aprendiera a hablar. Sus padres la enviaron a una escuela para niños sordos en Boston.

Helen empezó a hablar cuando tenía diez años. Fue muy difícil porque no podía oír su voz. Después de muchos meses, Helen podía hablar con otras personas. Estaba muy contenta porque ya no tenía que hablar con los dedos.

Helen Keller decidió ir a la universidad, y Anne Sullivan la ayudó. Helen demostró que las personas ciegas y sordas pueden estudiar en la universidad.

Helen quería ayudar a los ciegos. Viajó con Anne Sullivan por todos los Estados Unidos y habló con miles de personas. Quería ayudar a los ciegos y los sordos a aprender. Le decía a la gente que hacían falta escuelas para ciegos y sordos.

Helen Keller recogió fondos para construir nuevas escuelas para los ciegos. Ayudó a recoger millones de dólares para construir muchas escuelas nuevas. Helen viajó a muchos países donde ayudó a las personas a fundar nuevas escuelas para los ciegos. Helen Keller murió en 1968. Había ayudado a muchas personas.

HELEN KELLER APRENDIÓ A USAR UNA MÁQUINA DE ESCRIBIR

USA LO QUE HAS APRENDIDO

★ Lee y recuerda

Cierto o falso ★ Escribe una **C** junto a la oración si es cierta o una **F** si es falsa.

_____ 1. Helen Keller era ciega y sorda.

_____ 2. Anne Sullivan le enseñó a Helen Keller a deletrear las palabras con los dedos.

_____ 3. Los ciegos leen con los dedos los libros del sistema braille.

_____ 4. Helen Keller nunca aprendió a hablar.

_____ 5. Helen Keller recogió fondos para construir escuelas para los ciegos.

_____ 6. Helen Keller no pudo estudiar en la universidad.

★ Razona y aplica

Busca la relación ★ Lee los hechos que siguen. Busca en la caja el evento relacionado a cada hecho. Escribe la letra correspondiente en el espacio en blanco.

_____ 1. Cuando era niña, Helen Keller se enfermó gravemente.

_____ 2. Los padres de Helen hallaron una maestra para ayudarla.

_____ 3. Helen no podía leer con los ojos.

_____ 4. Empezó a aprender a hablar cuando tenía 10 años.

_____ 5. De adulta, Helen quería ayudar a otros ciegos y sordos.

a. Helen no tenía que seguir deletreando las palabras con los dedos.

b. Anne Sullivan le enseñó a Helen a usar los dedos para deletrear.

c. Helen no podía ver ni oír.

d. Helen aprendió a leer con los dedos los libros del sistema braille.

e. Helen recogió fondos para construir escuelas.

★ Composición

Escribe un párrafo para describir qué hizo Helen Keller para ayudar a otra gente impedida.

_____

_____

_____

_____

_____

CAPÍTULO 16 Cuatro médicos cambian a la nación

Palabras nuevas ☆ medicina ★ Elizabeth Blackwell ★ escuela de medicina ★ hospital ★ Charles Drew ★ herido ★ bancos de sangre ★ Jonas Salk ★ Albert Sabin ★ enfermedad ★ polio ★ inyección ★ tragar

DRA. ELIZABETH BLACKWELL

Los Estados Unidos ha cambiado mucho desde 1776. Creció de 13 estados a 50 estados y llegó a ser una nación con automóviles, ferrocarriles, fábricas y aviones. Hace doscientos años, los médicos no sabían muchas maneras de curar a los enfermos y tenían muy pocas medicinas para ayudarlos. En este capítulo, verás cómo el trabajo de cuatro médicos cambió a los Estados Unidos.

Por muchos años, todos los médicos de los Estados Unidos eran hombres. Elizabeth Blackwell era una mujer que quería ser médica. Las personas aprendían a ser médicos en las escuelas de medicina, y Blackwell asistió a una escuela de medicina del estado de New York.

Elizabeth Blackwell fundó dos escuelas en su hospital. En una enseñaba a las mujeres a ser médicas y en la otra enseñaba a las mujeres a ser enfermeras.

El Dr. Charles Drew les enseñó a los médicos cómo mantener saludable la sangre por meses en un banco de sangre.

DR. CHARLES DREW

Elizabeth trabajó mucho y se hizo médica en 1849. Elizabeth Blackwell fue la primera médica en los Estados Unidos.

Blackwell fundó un nuevo hospital para mujeres y niños en la ciudad de New York. Todas las personas que trabajaron allí eran mujeres. La Dra. Blackwell también fundó dos escuelas en su hospital. En una de ellas, las mujeres aprendían a ser enfermeras y en la otra, aprendían a ser médicas. Elizabeth Blackwell ayudó a muchas mujeres a hacerse médicas. Ella murió en 1910.

Charles Drew era un importante médico negro. Estudió en una escuela de medicina de Canadá y se hizo médico en 1933. Cuando regresó a los Estados Unidos, enseñaba en una escuela de medicina y era médico en un hospital.

Charles Drew quería saber todo sobre la sangre y la estudió a fondo. A veces, una persona herida pierde mucha sangre, y si pierde demasiada, puede morir. El Dr. Drew decidió que los hospitales necesitaban bancos de sangre donde podrían

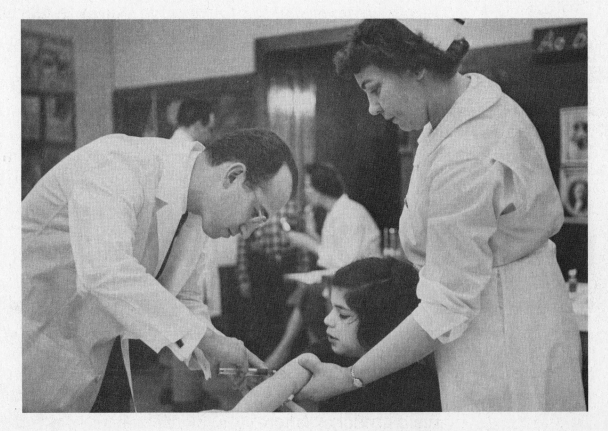

mantener saludable la sangre para dársela a los que la necesitaran.

El Dr. Drew les enseñó a los médicos cómo mantener saludable la sangre por meses en un banco de sangre y les mostró formas de darles sangre a los enfermos. Durante la Segunda Guerra Mundial, había muchos heridos. El Dr. Drew les enseñó a los médicos del ejército cómo darles sangre a los soldados. Gracias a su trabajo, miles de soldados se salvaron. Hoy en día, los hospitales de todo el mundo tienen bancos de sangre.

Jonas Salk y Albert Sabin eran dos médicos que descubrieron cómo hacer unas nuevas medicinas maravillosas. Las personas que tomaban estas medicinas no contraían la terrible enfermedad de la polio. Por lo general, la polio hace que las piernas se ponen tan débiles que la persona nunca vuelve a poder caminar. A veces, se puede morir de la polio.

DR. JONAS SALK

En la foto Jonas Salk le pone a una niña una inyección de medicina contra la polio.

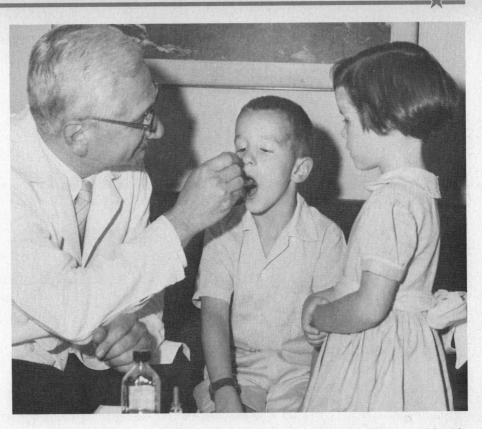

Aquí, Albert Sabin le da a su familia un cubito de azúcar con la medicina contra la polio.

DR. ALBERT SABIN

Jonas Salk, cuyos padres eran inmigrantes judíos, fue el primero en inventar una medicina contra la polio. Salk se hizo médico y estudió la polio. En 1953 hizo una medicina que se ponía en inyecciones. Los que recibían las inyecciones del Dr. Salk no contraían la polio.

Albert Sabin también hizo una medicina contra la polio. Sabin era un inmigrante judío de Polonia. En los Estados Unidos, estudió la polio por 30 añōs. Al fin, en 1960, hizo una medicina contra la polio. La puso en cubitos de azúcar, y al comérselos, la gente no contraía la polio.

Hoy en día por todo el país, los médicos les dan a los niños estas medicinas contra la polio. Algunos la tragan y otros la reciben en inyecciones. Estos niños jamás sufrirán de esta terrible enfermedad.

Los médicos estadounidenses de hoy continúan estudiando las enfermedades y haciendo mejores medicinas. Trabajan para que todas las personas estén fuertes y saludables.

★ Lee y recuerda

Completa ★ Escoge una palabra o frase en negrita para completar cada oración. Escribe la palabra o frase en el espacio en blanco.

enfermedad	salvó	banco de sangre
inyección	Dr. Sabin	mujeres

1. Elizabeth Blackwell fundó un hospital. Todas las personas que

   trabajaban en este hospital eran _____.

2. Charles Drew les enseñó a los médicos cómo mantener saludable

   la sangre en un _____ por meses.

3. El trabajo de Charles Drew _____ las vidas de miles de soldados en la Segunda Guerra Mundial.

4. La polio es una _____ que debilita las piernas.

5. El Dr. Salk puso su medicina en una _____.

6. El _____ hizo una medicina que se podía tragar.

★ Razona y aplica

Saca conclusiones ★ Lee las oraciones. Busca pistas en cada oración que te ayuden a decidir quién la podría haber dicho. Lee la lista de personas. Dibuja una línea de la oración a la persona que la haya dicho.

1. —Necesitamos bancos de sangre para ayudar a la gente que pierde demasiada sangre.   Dra. Blackwell

2. —Me gustaría inventar una medicina contra la polio que se pueda tragar.   Dr. Drew

3. —Quiero que las mujeres puedan ser médicas.   Dr. Salk

4. —Una inyección con medicina contra la polio ayudará a muchos.   Dr. Sabin

★ Desarrollo de destrezas

Lee una tabla ★ Estudia la **tabla** que sigue. Contesta las preguntas con oraciones completas.

CUATRO MÉDICOS ESTADOUNIDENSES		
Nombre del médico	Fechas importantes	Trabajo importante
Elizabeth Blackwell	1849	Fue la primera médica.
Charles Drew	de 1939 a 1945	Fundó muchos bancos de sangre que salvaron a los soldados durante la Segunda Guerra Mundial.
Jonas Salk	1953	Hizo una medicina contra la polio en forma de inyecciones.
Albert Sabin	1960	Hizo una medicina contra la polio que se podía tragar.

1. ¿Por qué es famoso Jonas Salk? _____

_____

2. ¿Qué hecho de la tabla ocurrió primero? _____

_____

3. ¿Quién inventó una medicina contra la polio que se podía tragar?

_____

4. ¿Cuándo se hizo Elizabeth Blackwell la primera médica?

_____

★ Composición

Escoge uno de los cuatro médicos de este capítulo. Escribe un párrafo para describir el trabajo de este médico. Explica por qué crees que fue tan importante su trabajo.

_____

_____

_____

_____

CAPÍTULO 17 Martin Luther King, Jr.

Palabras nuevas ☆ pastor ⋆ Coretta Scott ⋆ Montgomery, Alabama ⋆ separados ⋆ restaurantes ⋆ pacífico ⋆ Rosa Parks ⋆ taxis ⋆ periódico ⋆ Ley de los Derechos Civiles ⋆ Premio Nobel de la Paz ⋆ Noruega ⋆ boicot

MARTIN LUTHER KING, JR.

En el capítulo 16 aprendiste cómo cuatro médicos cambiaron la vida en los Estados Unidos. En este capítulo verás cómo Martin Luther King, Jr., un líder negro, ayudó a hacer cambios importantes en los Estados Unidos.

Martin Luther King, Jr., nació el 15 de enero de 1929 en Georgia. Su padre era pastor. Un pastor es un líder de una iglesia. Martin Luther King, Jr., decidió hacerse pastor también.

Martin Luther King, Jr., pensaba que algunas leyes eran injustas y trabajó mucho para cambiarlas.

El chofer del autobús le dijo a Rosa Parks que le dejara el asiento a una persona blanca, pero ella se negó a moverse.

Al graduarse de la escuela secundaria, King fue a la universidad. Trabajó y estudió mucho y se hizo pastor. Conoció a una mujer que se llamaba Coretta Scott, y en 1953 se casó con ella. Se mudaron a Montgomery, Alabama, donde King se hizo pastor de una iglesia.

Había leyes en el Sur que a Martin Luther King, Jr., no le gustaban. Estas leyes mantenían aparte a los negros y los blancos. Una ley decía que los negros tenían que sentarse atrás en un autobús. Otra decía que los niños negros y los blancos debían ir a escuelas separadas. Los negros y los blancos no podían comer en los mismos restaurantes. King decía que estas leyes eran injustas y que buscaría una forma pacífica de cambiarlas.

En 1955, Martin Luther King, Jr., empezó a tratar de cambiar la ley sobre los asientos para blancos y negros en los autobuses. Un día, Rosa Parks, una mujer negra, subió a un autobús de Montgomery y se sentó en el primer asiento. El chofer le dijo que se levantara y le dejara el asiento a una persona

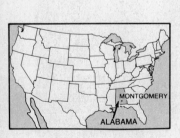

MONTGOMERY, ALABAMA

95

blanca. Cuando Rosa se negó a moverse, un policía la llevó a la cárcel.

Para cambiar la ley del autobús en Montgomery, Martin Luther King, Jr., empezó un boicot contra los autobuses. Durante un boicot, la gente deja de comprar o usar un producto. En este caso, la gente negra dejó de viajar en los autobuses de la ciudad. Algunos fueron al trabajo en automóvil o en taxi, y muchos caminaron. Su boicot duró un año.

Los reporteros escribieron sobre esta historia en todos los periódicos del país. Martin Luther King, Jr., llegó a ser famoso, y su boicot tuvo éxito. Los autobuses de la ciudad perdieron mucho dinero, y los líderes de la ciudad querían que los negros viajaran de nuevo en los autobuses. En 1956, se cambió la ley.

Martin Luther King, Jr., trató de cambiar otras leyes pacíficamente. Los negros no podían comer en

Martin Luther King, Jr., dirigió una marcha en Washington, D.C.

Grandes Llanos La tierra entre Mississippi y las Montañas Rocosas.
Ley Homestead que los pobladores
devian vivir en las tierra que compra-
ban.
1867 Estados U. Compró Alaska
Jacob = fue quien Publicó la forma en que
Vivian los immigrantes
1859 Se encontro Petroleo en Pensilvania
1920 Votaron las mujeres por primera
vez cuando se agugo la emmienda.
Hoover no hacia nada para ayudar la
depresion y fue derrocado por
Roosevelt. Y este ayudo bastante y fue
Popular por 12 años fue el unico
Presidente en su elegido por 4 veces.
Paises del Eje Alemania, Italia y Japón
La primera bomba attomica en una
cuidad Japonesa. En la segunda bomba
Japon se rendió.
Elizabeth Blackwell primer mujer medico.
reserva india Tierra que se les dio
a los indios para Trabajarla y Vivirla
Rusia Posia a Alaska y queria Venderla
a los estados unidas y lo compro por
7,200,000

algunos restaurantes. King les dijo que se sentaran y pidieran comida en esos lugares. King ayudó a los negros del Norte a obtener mejores casas y empleos.

Se cambiaron muchas leyes, gracias al trabajo de Martin Luther King, Jr. La más importante fue la Ley de los Derechos Civiles de 1964. Esta ley aseguraba que los niños negros podían ir a las mismas escuelas que los niños blancos y también que los negros y los blancos podían sentarse juntos en los restaurantes y los autobuses. Hoy en día no existen leyes que mantengan aparte a los negros y los blancos.

King quería que todos los estadounidenses vivieran juntos en paz y que se respetaran. En 1964, Martin Luther King, Jr., fue a Noruega a recibir el Premio Nobel de la Paz. Este premio se lo da a un hombre o a una mujer que ha trabajado mucho por la paz.

El 4 de abril de 1968, Martin Luther King, Jr., fue asesinado con un disparo. El Día de Martin Luther King, Jr., es un día de fiesta en enero para recordar a este gran líder. Muchas personas continúan el trabajo que él empezó, y buscan formas pacíficas para ayudar a todo el mundo a vivir en paz.

EUROPA

USA LO QUE HAS APRENDIDO

★ **Lee y recuerda**

Escribe la respuesta ★ Escribe una oración para contestar cada pregunta.

1. ¿Cuándo nació Martin Luther King, Jr.? _____

_____

2. ¿Cuál es una de las leyes que no le gustaban a King? _____

_____

3. ¿Por qué fue a la cárcel Rosa Parks? _____

_____

4. ¿Cuándo se cambió la ley de autobuses de Montgomery? _____

_____

5. Nombra una cosa que decía la Ley de los Derechos Civiles de

1964. _____

6. ¿Por qué le dieron el Premio Nobel de la Paz a King? _____

_____

★ Desarrollo de destrezas

Lee una línea cronológica ★ Lee la **línea cronológica** de la vida de Martin Luther King, Jr. Para completar cada oración, escribe **antes** o **después** en el espacio en blanco.

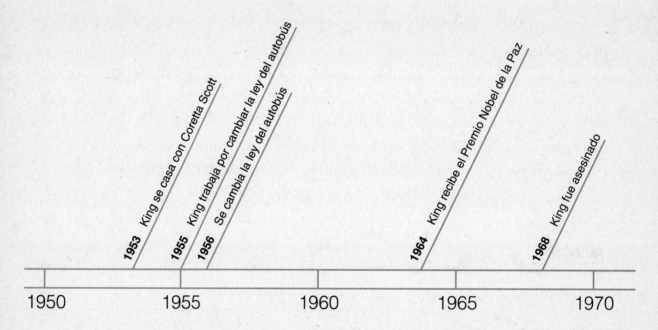

1. Martin Luther King, Jr., se casó con Coretta Scott

_____ de trabajar por cambiar la ley del autobús.

2. Se cambió la ley del autobús _____ de recibir King el Premio Nobel de la Paz.

3. Se cambió la ley del autobús _____ de casarse King con Coretta Scott.

4. King recibió el Premio Nobel de la Paz _____ de casarse con Coretta Scott.

5. King fue asesinado _____ de que se cambiara la ley del autobús.

★ Razona y aplica

Saca conclusiones ★ Lee cada par de oraciones. Busca en la caja la conclusión que puedes sacar de cada par. Escribe la letra de la conclusión en el espacio en blanco.

1. Las leyes en el Sur decían que los negros no podían sentarse con los blancos en un autobús.
   Las leyes decían que los niños negros debían ir a escuelas separadas.

   Conclusión _____

2. King les dijo a los negros que dejaran de viajar en los autobuses de Montgomery.
   King les dijo a los negros que se sentaran y pidieran comida en restaurantes donde sólo los blancos podían comer.

   Conclusión _____

3. Rosa Parks se sentó en un asiento al frente del autobús.
   A Rosa Parks le pidieron que se moviera a la parte de atrás del autobús.

   Conclusión _____

4. La ley de autobuses se cambió en 1956.
   En 1964 la Ley de los Derechos Civiles aseguraba que los niños negros podían ir a las mismas escuelas que los niños blancos.

   Conclusión _____

   a. Cuando no se movió, un policía llevó a Rosa Parks a la cárcel.
   b. Muchas leyes fueron cambiadas gracias a King.
   c. Las leyes del Sur mantenían aparte a los blancos y los negros.
   d. King quería cambiar muchas leyes.

CAPÍTULO 18 Los estadounidenses van a la luna

DESPEGUE DEL CABO KENNEDY

El 20 de julio de 1969, la gente por todo el mundo miraba la televisión para ver a dos estadounidenses caminar en la luna. Fueron los primeros en hacerlo.

Las personas que van al espacio son astronautas. Miles de estadounidenses trabajaban para mandar a la luna a los astronautas. Construyeron cohetes y naves espaciales. Algunos les hicieron trajes espaciales y otros les fabricaron alimentos para comer durante su largo viaje.

Los primeros astronautas en ir a la luna fueron Neil Armstrong, Michael Collins y Edwin Aldrin.

100

El módulo lunar se reunió con la nave espacial *Apollo 11*. Los dos astronautas que caminaron sobre la luna estaban en el módulo lunar.

EL MÓDULO LUNAR EN LA LUNA

El viaje a la luna empezó en Cabo Kennedy, en la Florida, donde había un cohete grande y poderoso. En la parte de arriba de este cohete, había una nave espacial que se llamaba *Apollo 11*. Neil Armstrong, Edwin Aldrin y Michael Collins eran los astronautas dentro del *Apollo 11*.

El 16 de julio de 1969, el gran cohete poderoso despegó de Cabo Kennedy. La nave espacial *Apollo 11* se separó del cohete en el espacio. *Apollo 11* viajaba muy rápido y en cuatro días los astronautas llegaron a la luna.

La nave espacial *Apollo 11* tenía tres partes. Una de éstas era el módulo lunar, que fue la única parte que llegaría a la luna. Cerca de la luna, el módulo lunar se separó del resto de la nave. Neil Armstrong y Edwin Aldrin descendieron a la luna en el módulo lunar. Mientras tanto, Michael Collins se quedó en la nave espacial *Apollo 11,* volando muchas veces alrededor de la luna. El 20 de julio el módulo lunar llegó a la luna.

101

Esa noche Neil Armstrong y Edwin Aldrin fueron los primeros hombres en caminar sobre la luna. En la luna no hay suficiente aire para respirar; por eso, los dos astronautas llevaban aire en bolsas especiales que cargaban en la espalda. Sólo tenían suficiente aire para caminar por dos horas.

PONIENDO LA BANDERA DE LOS ESTADOS UNIDOS EN LA LUNA

Los dos astronautas tenían que actuar con prisa. Pusieron una cámara de televisión en la luna para que millones de personas los pudieran ver en los televisores de sus casas. Armstrong puso una bandera estadounidense en la luna. Los dos astronautas recogieron muchas rocas y las trajeron de regreso a los Estados Unidos.

Después de dos horas, los astronautas regresaron al interior del módulo lunar. Luego, el módulo lunar se reunió con la nave espacial *Apollo 11,* y Neil Armstrong, Edwin Aldrin y Michael Collins estaban juntos de nuevo. Regresaron a la Tierra en cuatro días, aterrizando a salvo en el Océano Pacífico. Un barco llevó a los astronautas a Hawaii. La gente de

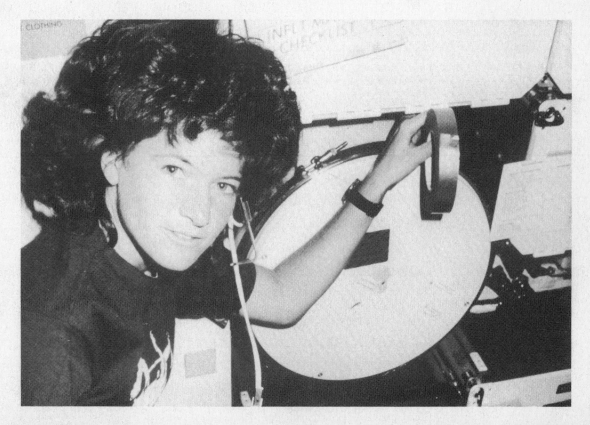

La astronauta Sally Ride a bordo de un transbordador espacial.

DESPEGUE DE UN
TRANSBORDADOR ESPACIAL

todo el mundo estaba contenta de que los tres astronautas hubieran regresado.

Los estadounidenses querían saber más sobre la luna y el espacio. Otras naves espaciales *Apollo* llevaron a más astronautas a la luna. Se construyeron nuevas naves espaciales—los transbordadores espaciales. Estas naves son como los aviones que se pueden usar más de una vez. Los transbordadores han llevado a muchos astronautas al espacio y han ayudado a los estadounidenses a saber mucho sobre el espacio.

USA LO QUE HAS APRENDIDO

★ Lee y recuerda

Completa la historia ★ Completa la historia con las palabras en negrita. Escribe las palabras en los espacios en blanco.

bandera	luna	astronautas	Océano Pacífico
Apollo 11	cámara	rocas	aire

Neil Armstrong, Edwin Aldrin y Michael Collins fueron los primeros

_____ en viajar a la _____. Viajaron en una

nave espacial llamada _____.

Armstrong y Aldrin tenían suficiente _____ para estar en

la luna por dos horas. Pusieron en la luna una _____

estadounidense y una _____ de televisión. Recogieron

_____ lunares y las trajeron a la Tierra. Luego, los tres

astronautas regresaron a la Tierra. Aterrizaron en el _____.

★ Razona y aplica

Ordena los hechos ★ Indica el orden en que ocurrieron los hechos. Escribe **1**, **2**, **3**, **4** ó **5** junto a la oración.

_____ El módulo lunar se separó del resto de la nave espacial.

_____ Los astronautas llegaron a la luna.

_____ El *Apollo 11* despegó de Cabo Kennedy.

_____ Neil Armstrong y Edwin Aldrin caminaron sobre la luna.

_____ El *Apollo 11* aterrizó en el Océano Pacífico.

★ Composición

Cuando Neil Armstrong dio un paso en la luna por primera vez, les dijo a los estadounidenses: —Éste es un paso pequeño para el hombre, un salto gigante para la humanidad—. ¿Qué crees que quiso decir con eso? Escribe un párrafo para explicar lo que dijo Armstrong.

_____

_____

_____

_____

_____

_____

_____

_____

_____

_____

CAPÍTULO 19 César Chávez ayuda a los trabajadores

Palabras nuevas ☆ Arizona ★ trabajadores agrícolas migrantes ★ Unión de Trabajadores Agrícolas de América ★ contrato ★ plantadores de uvas ★ recolectores de uvas ★ huelga ★ rociar ★ insecticidas ★ insectos

CÉSAR CHÁVEZ

César Chávez nació en Arizona en 1927. Sus padres vinieron de México a los Estados Unidos. Cuando él tenía 10 años, su familia fue a California. Ellos eran trabajadores agrícolas migrantes, es decir, trabajaron en una granja hasta que se acabó el trabajo; luego fueron a trabajar en otra granja.

La familia Chávez se mudó muchas veces. Cada vez que se mudó, César tuvo que cambiar de escuela. Él asistió a más de 30 escuelas diferentes. Lo mismo les pasó a muchos hijos de trabajadores migrantes.

A los trabajadores agrícolas migrantes les pagaban muy poco dinero. Chávez decidió ayudarlos.

ARIZONA Y CALIFORNIA

Estos trabajadores migrantes cosechan lechugas.

105

Muchos estadounidenses ayudaron a los recolectores de uvas.

A César Chávez le gustaba cómo Martin Luther King, Jr., usaba medios pacíficos para cambiar las leyes. Chávez dijo que él también usaría medios pacíficos para ayudar a los trabajadores agrícolas.

En 1962 César Chávez fundó un sindicato—la Unión de Trabajadores Agrícolas de América. Chávez quería que el sindicato les consiguiera contratos a los trabajadores agrícolas. Un contrato es un papel que dice a los trabajadores cuánto les pagará y por cuántas horas al día deben trabajar. Antes, los trabajadores no tenían contratos, y los dueños de las granjas les podían pagar menos dinero en cualquier momento. Los contratos servirían de decirles a los trabajadores cuánto debían recibir de pago. Chávez los ayudó a conseguir contratos y mejores salarios.

CÉSAR CHÁVEZ

La mayoría de los plantadores de uvas de California se negaban a darles contratos y mejores salarios a los recolectores de uvas. En 1965, Chávez sugirió que ellos se pusieran en huelga. Durante los cinco años de la huelga, los recolectores no trabajaron ni recibieron pago. Mucha gente enviaba alimentos y dinero para ayudar a los recolectores.

César Chávez también empezó un boicot contra los plantadores, y les pidió a los estadounidenses que no compraran uvas. Mucha gente dejó de comprar uvas, y muchas tiendas se negaron a venderlas. Los plantadores empezaron a perder dinero.

Por fin, en 1970 muchos plantadores les dieron contratos a los recolectores. El boicot de las uvas terminó y los trabajadores volvieron a trabajar.

Hoy en día César Chávez trabaja en otro problema. Muchos plantadores rocían insecticidas sobre las uvas para evitar que los insectos se las comieran y para poder cultivar más uvas. Chávez cree que los insecticidas son dañinos. Quiere que los plantadores dejen de rociarlos porque han hecho enfermarse a muchos recolectores de uvas. Algunos médicos no creen que sea saludable comer uvas rociadas con insecticidas. En 1984, Chávez empezó otro boicot y mucha gente dejó de comprar las uvas de California.

Gracias a César Chávez, muchos trabajadores agrícolas ya tienen buenos contratos y una vida mejor. Sin embargo, la mayoría todavía necesita contratos y mejores salarios. Además, Chávez quiere que aún más plantadores dejen de usar insecticidas. Por eso, continúa trabajando por los trabajadores agrícolas migrantes de los Estados Unidos.

ROCIANDO INSECTICIDAS SOBRE LAS FRESAS

Un avión rocía insecticidas.

★ Lee y recuerda

Encierra la respuesta ★ Dibuja un círculo alrededor de la respuesta.

1. ¿Cómo se llaman los trabajadores que van de una granja a otra?

   trabajadores migrantes   trabajadores organizados

   trabajadores en huelga

2. ¿Cómo se llama un papel que les dice a los trabajadores cuánto les va a pagar y por cuántas horas al día trabajarán?

   un contrato   una cuenta   un cheque

3. ¿Qué hicieron los trabajadores de California para obtener contratos?

   trabajaron más   llamaron al presidente   se pusieron en huelga

4. César Chávez empezó un boicot. ¿Qué le decía que no comprara la gente?

   algodón   uvas   maíz

5. ¿Qué les dieron muchos granjeros a los recolectores de uvas en 1970?

   medicinas   granjas   contratos

6. ¿Qué quiere Chávez que los plantadores de uvas dejen de usar?

   trabajadores migrantes   insecticidas   insectos

★ Razona y aplica

Compara ★ Lee cada oración. Decide si se refiere a algo que diría César Chávez o a algo que diría el dueño de una granja. Encierra en círculo el nombre de la persona que diría cada oración.

1. —Trabajar por contrato no es   Chávez   Dueño
   bueno para el negocio.

2. —Cuando las familias migrantes   Chávez   Dueño
   se mudan, los niños tienen que
   dejar su escuela y sus amigos.

3. —Se necesitan insecticidas para tener buenas cosechas.   Chávez   Dueño

4. —La gente de los Estados Unidos debe ayudar al boicot de las uvas.   Chávez   Dueño

5. —Ahora que los recolectores tienen contratos, ya no necesitan sindicatos.   Chávez   Dueño

★ Composición

Prepara letreros para la Unión de Trabajadores Agrícolas. Usa las palabras en negrita. Los letreros deben apoyar la huelga de los recolectores de uvas y el boicot de las uvas.

boicot	huelga	contrato
uvas	salario	insecticidas

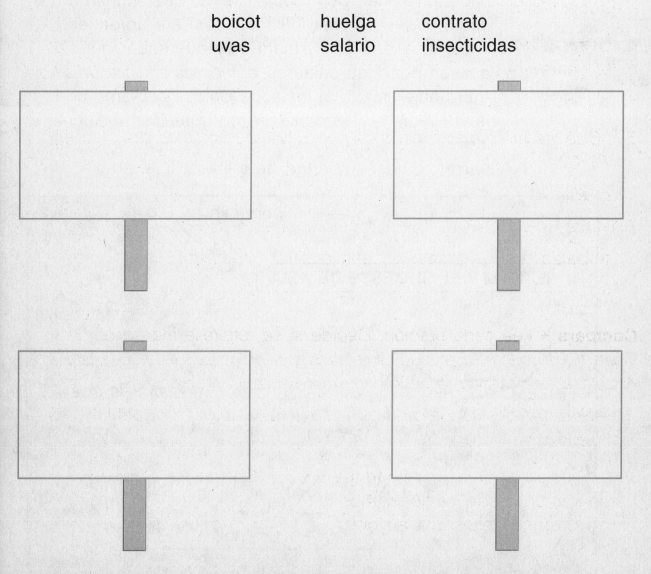

CAPÍTULO **20** La guerra en Vietnam

Palabras nuevas ☆ sudeste de Asia ★ democracia ★ comunismo ★ libertad de expresión ★ libertad de prensa ★ comunista ★ Vietnam del Norte ★ Vietnam del Sur ★ Viet Cong ★ vietnamita ★ por sí mismos ★ cese de fuego ★ monumento ★ honrar ★ Vietnam Memorial

UN AVIÓN ESTADOUNIDENSE QUE SE USÓ EN VIETNAM

Vietnam queda en el sudeste de Asia, a miles de millas de los Estados Unidos. Por muchos años, había una guerra en Vietnam en la cual lucharon casi dos millones de estadounidenses. Para aprender sobre la guerra en Vietnam, hay que saber qué quieren decir las palabras *democracia* y *comunismo*.

El gobierno de los Estados Unidos se llama una democracia porque votamos por nuestro presidente y los miembros del Congreso. En una democracia las personas tienen libertad de religión, libertad de

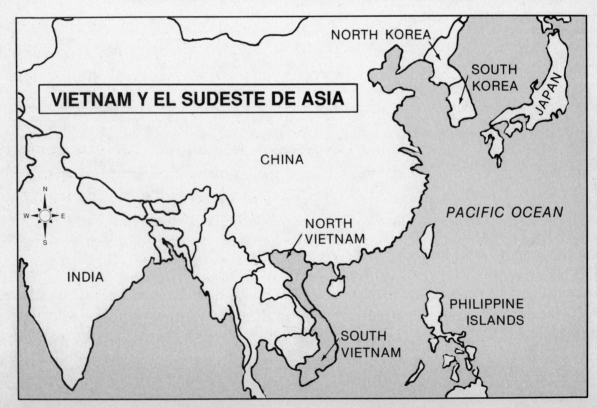

VIETNAM Y EL SUDESTE DE ASIA

NORTH KOREA

SOUTH KOREA

JAPAN

CHINA

PACIFIC OCEAN

NORTH VIETNAM

INDIA

SOUTH VIETNAM

PHILIPPINE ISLANDS

Los Estados Unidos envió armas y aviones a Vietnam del Sur. Después, los estadounidenses luchaban también.

prensa y libertad de expresión. Muchas naciones no son democracias como los Estados Unidos.

Algunos países tienen gobiernos comunistas. Hay menos libertad, así que la gente no tiene libertad de religión, libertad de prensa ni libertad de expresión. El gobierno es dueño de la mayoría de las tiendas y los negocios, y la mayoría de la gente trabaja por el gobierno. Los estadounidenses creen que la libertad y la democracia son mejores que el comunismo.

En 1954 Vietnam fue dividido en dos países— Vietnam del Norte y Vietnam del Sur. Los comunistas gobernaban a Vietnam del Norte y querían gobernar a Vietnam del Sur. Los líderes de Vietnam del Sur no querían que su país fuera comunista.

Vivían en Vietnam del Sur muchos comunistas llamados los Viet Cong. Querían forzar a Vietnam del Sur a convertirse en un país comunista. El gobierno de Vietnam del Norte envió a soldados y armas para ayudar al Viet Cong. Los soldados del Viet Cong atacaron muchos pueblos y quemaron escuelas y casas. Mataron a muchas personas. Los Estados

Unidos no quería que Vietnam del Sur se convirtiera en una nación comunista.

Los Estados Unidos decidió ayudar a Vietnam del Sur. El gobierno envió armas y aviones allí. Los soldados estadounidenses también fueron a Vietnam a enseñarles a luchar a los vietnamitas. Los Viet Cong seguían ganando la guerra.

En 1965 los soldados estadounidenses empezaron a luchar contra los Viet Cong. Cada año luchaban más soldados estadounidenses en Vietnam. Para 1968 había 550 mil soldados estadounidenses en Vietnam. La guerra duró muchos años.

Muchos estadounidenses no estaban de acuerdo con la guerra en Vietnam. Muchos decían que los vietnamitas debían luchar por sí mismos. Costaba muchísimo dinero para que los estadounidenses lucharan en Vietnam. Muchos querían que ese dinero se gastara en los Estados Unidos. Pensaban también que los Estados Unidos no tenía derecho de luchar en Vietnam.

Muchos estadounidenses no estaban de acuerdo con la guerra en Vietnam. Decían que Vietnam del Sur debía luchar su propia guerra.

En 1969 el presidente de los Estados Unidos dijo que mandaría que los soldados regresaran de Vietnam. Ellos les habían enseñado a los vietnamitas del sur a luchar por sí mismos. El gobierno le dio armas nuevas a Vietnam del Sur. Después, miles de soldados regresaron a los Estados Unidos.

El 27 de enero de 1973, Vietnam del Norte y Vietnam del Sur prometieron dejar de luchar. A esto se le llama cese de fuego. Poco después, la mayoría de los soldados estadounidenses estaba de regreso a los Estados Unidos.

Pero los Viet Cong y los vietnamitas del sur empezaron a luchar de nuevo. Para 1975 Vietnam del Norte había capturado la mayor parte de Vietnam del Sur, y el 30 de abril de 1975, Vietnam del Sur se rindió. Vietnam se convirtió en un solo país otra vez. Ahora es una nación comunista.

Se construyó un monumento en Washington, D.C., para honrar a los soldados estadounidenses que murieron en Vietnam. Los nombres de casi 58 mil soldados están escritos en las paredes negras del monumento. Desde 1982, millones de personas han visitado el Vietnam Memorial.

EL VIETNAM MEMORIAL
(MONUMENTO A LOS SOLDADOS
QUE MURIERON EN VIETNAM)

USA LO QUE HAS APRENDIDO

★ Lee y recuerda

Completa la oración ★ Dibuja un círculo alrededor de la palabra o frase que complete cada oración.

1. Vietnam está en el _____ de Asia.

   nordeste   sudeste   noroeste

2. En 1954 _____ fue dividido en dos países.

   Vietnam   Rusia   los Estados Unidos

3. Los Estados Unidos no quería que Vietnam _____ fuera un país comunista.

   del Norte   del Sur

4. Los Estados Unidos le dio _____ a Vietnam del Sur.

armas y aviones   libros y películas

5. Casi 58 _____ estadounidenses murieron en Vietnam.

mil   millones de   billones de

★ Razona y aplica

Ordena los hechos ★ Indica el orden en que ocurrieron los hechos. Escribe 1, 2, 3, 4, 5 ó 6 junto a la oración.

_____ Los Viet Cong atacaron pueblos de Vietnam del Sur.

_____ Los soldados estadounidenses fueron a Vietnam para enseñarles a luchar a los vietnamitas del sur.

_____ En 1954, Vietnam se dividió en dos países.

_____ Vietnam del Norte y Vietnam del Sur tuvieron un cese de fuego.

_____ Los soldados estadounidenses empezaron a luchar contra los Viet Cong.

_____ En 1975, Vietnam del Norte capturó a Vietnam del Sur.

Causa y efecto ★ Lee los pares de oraciones. Escribe una **C** junto a la oración que indica una causa y una **E** junto a la que indica un efecto.

1. _____ El gobierno de Vietnam del Norte envió a sus soldados y armas a Vietnam del Sur.

_____ Vietnam del Norte quería gobernar a Vietnam del Sur.

2. _____ Los Estados Unidos no quería que Vietnam del Sur se convirtiera en un país comunista.

_____ Los Estados Unidos envió armas y aviones a Vietnam del Sur.

3. _____ Miles de estadounidenses murieron en Vietnam.

_____ En 1965, los soldados estadounidenses empezaron a luchar en Vietnam.

4. ____ En 1973 Vietnam del Norte y Vietnam del Sur prometieron dejar de luchar.

____ Muchos soldados estadounidenses regresaron a su país.

5. ____ Casi 58 mil soldados murieron en Vietnam.

____ Se construyó un monumento en Washington, D.C., para honrar a los soldados que murieron en la guerra.

★ Desarrollo de destrezas

Lee una gráfica de barras ★ Estudia esta **gráfica** que muestra el número de soldados estadounidenses que fueron enviados a Vietnam. Después, contesta las preguntas en oraciones completas.

1. ¿En qué año había el mayor número de soldados estadounidenses en Vietnam? _____

_____

2. ¿En qué años envió los Estados Unidos a más de 400,000 soldados a Vietnam? _____

_____

3. ¿Cuándo envió los Estados Unidos a más soldados, en 1969 o en 1970? _____

_____

CAPÍTULO 21 Los Estados Unidos y sus vecinos

Palabras nuevas ☆ frontera indefensa ★ primer ministro ★ acuerdo de libre comercio ★ Brian Mulroney ★ Ronald Reagan ★ tarifas ★ lluvia ácida ★ sustancias químicas ★ contaminación ★ deuda externa ★ billones ★ permiso ★ inmigrantes ilegales

MÉXICO

Canadá y México son los vecinos de los Estados Unidos. Cada año millones de estadounidenses visitan Canadá y México. Estos dos países son muy importantes para los Estados Unidos.

Canadá es nuestro vecino del norte. Hay una gran amistad entre los Estados Unidos y Canadá. Muchas veces los estadounidenses viajan a Canadá para trabajar y visitar. La frontera indefensa más larga del mundo separa a los dos países, cuyos habitantes tienen muchas cosas en común.

Muchos estadounidenses visitan Canadá todos los años.

Ronald Reagan y Brian Mulroney trabajaron juntos en 1988.

BRIAN MULRONEY

El gobierno de Canadá es una democracia igual que él de los Estados Unidos. Pero al líder de Canadá se le llama primer ministro. Canadá, como los Estados Unidos, fue colonizado por los ingleses. También fue colonizado por los franceses. El francés y el inglés son los idiomas de Canadá.

El comercio es importante entre los Estados Unidos y Canadá. Los Estados Unidos le vende más productos a Canadá que a ningún otro país, y Canadá tiene más comercio con los Estados Unidos que tiene con ningún otro país.

En 1987 los líderes de ambos países redactaron un acuerdo de libre comercio. Brian Mulroney, el primer ministro de Canadá, se reunió con Ronald Reagan, el presidente de los Estados Unidos. Los dos líderes querían que el comercio entre Canadá y los Estados Unidos fuera fácil y, por eso, firmaron el acuerdo en 1988.

El acuerdo facilitará el comercio porque habrá menos tarifas. Una tarifa es un impuesto especial que hace que los productos sean más caros. Ahora, los dos países imponen tarifas en los productos que compra el uno al otro. El acuerdo dice que cada año habrá menos tarifas en los productos. Para el año 2000, no habrá ningunas tarifas. Este acuerdo ayudará a los dos países.

CONTAMINACIÓN DE UNA
FÁBRICA

La lluvia ácida es uno de los problemas más grandes entre los Estados Unidos y Canadá. Las fábricas y los autos echan humo, polvo y sustancias químicas al aire que causan la contaminación. Esta contaminación llega a ser parte de la lluvia que se convierte en lluvia ácida. La lluvia ácida devuelve la contaminación del aire a la tierra.

Los vientos llevan la contaminación de los automóviles y las fábricas a través de la frontera, y la contaminación crea la lluvia ácida que cae en Canadá y los Estados Unidos. Esta lluvia mata los animales, los bosques y las plantas de los ríos y lagos. También hace difícil que los granjeros cultiven alimentos.

Los líderes de los dos países intentan resolver el problema. Desde 1981 todos los automóviles que se venden en los Estados Unidos echan menos polvo y sustancias químicas. La gente está buscando nuevas maneras de evitar que las fábricas contaminen el aire. Todavía faltan muchos años por resolver el problema de la lluvia ácida.

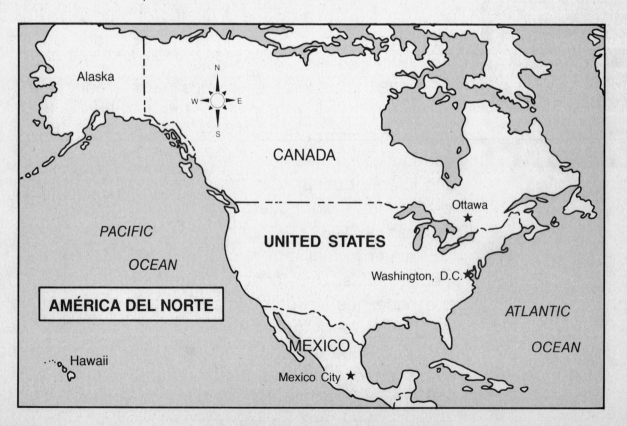

AMÉRICA DEL NORTE

Muchos mexicanos esperan a conseguir permiso para ir a los Estados Unidos.

CARLOS SALINAS DE GORTARI
PRESIDENTE DE MÉXICO
EN 1989

México, nuestro vecino importante del sur, tiene un gobierno democrático en la actualidad. Los Estados Unidos comercia mucho con México. Muchos estadounidenses viajan a México, y mucha gente mexicana viene aquí.

Hoy en día hay problemas graves en México. El mayor problema es la deuda externa del país, o sea, el dinero que les debe a otros países. México ha pedido prestado billones de dólares.

En los años setenta, se descubrió petróleo en México. México les vendía mucho petróleo a otros países. Los líderes mexicanos usaron el dinero para construir carreteras, escuelas y hospitales. Luego en los años ochenta, por todo el mundo se rebajó el precio del petróleo. México vendió su petróleo por menos dinero, pero siguió pidiendo prestado dinero para continuar la construcción. En 1988, les debía más de 100 billones de dólares a los Estados Unidos y a otros países. Los Estados Unidos quiere ayudarlo a resolver este problema de la deuda.

Hoy en día la vida es muy difícil para muchos mexicanos. No hay suficiente trabajo; pues, una persona en cinco no encuentra trabajo. Muchas cosas son muy caras, y se ponen más caras cada año. Por eso, hay mucha gente pobre en México.

Muchos inmigrantes mexicanos llegan a los Estados Unidos todos los años con permiso para mudarse aquí, pero miles de mexicanos vienen sin permiso. A ellos se les llama inmigrantes ilegales. Muchos no tienen trabajo ni en México ni en los Estados Unidos. Sin embargo, esperan encontrar una vida mejor aquí. La gente no se puede mudar a los Estados Unidos sin permiso. Por eso, el gobierno quiere que México evite que vengan inmigrantes ilegales aquí.

Hay amistad entre los Estados Unidos y sus vecinos. Aunque haya problemas, los tres países continúan trabajando juntos para ayudarse.

USA LO QUE HAS APRENDIDO

★ Lee y recuerda

Completa ★ Escoge una palabra o frase en negrita para completar cada oración. Escribe la palabra o frase en el espacio en blanco.

tarifas	México	comercio	inmigrantes ilegales
lluvia ácida	Canadá	deuda externa	primer ministro

1. _____ comercia más con los Estados Unidos que comercia con ningún otro país.

2. El líder de Canadá se llama el _____.

3. El acuerdo de libre comercio hará más fácil el _____ entre Canadá y los Estados Unidos.

4. No habrá _____ en los productos que se comercien entre Canadá y los Estados Unidos para el año 2000.

5. La _____ mata los animales y las plantas.

6. México tiene una _____ muy grande.

7. En _____ se construyeron nuevos hospitales, carreteras y escuelas con el dinero del petróleo.

8. Muchos _____ llegan a los Estados Unidos de México.

★ Razona y aplica

Hecho u opinión ★ Lee las oraciones. Escribe una **H** junto a los hechos y una **O** junto a las opiniones. Hay tres opiniones.

_____ 1. El gobierno de Canadá es una democracia.

_____ 2. Brian Mulroney es un excelente primer ministro.

_____ 3. Canadá comercia más con los Estados Unidos que comercia con ningún otro país.

_____ 4. Todos los estadounidenses deben viajar a Canadá y a México.

_____ 5. México les debe billones de dólares a otros países.

_____ 6. México es el país más bello del mundo.

★ Desarrollo de destrezas

Usa las direcciones de un mapa ★ Los cuatro puntos cardinales son el norte, el sur, el este y el oeste. Hay puntos intermedios que están entre estos puntos: el **nordeste**, el **sudeste**, el **noroeste** y el **sudoeste**. A veces se abrevian estos puntos intermedios como **NE**, **SE**, **NO** y **SO**. Usa el mapa y la brújula de la página 118 para completar las oraciones.

1. Canadá está al _____ de los Estados Unidos.

   sur   norte   sudoeste

2. Washington, D.C., está al _____ de la Ciudad de México.

   nordeste   noroeste   sudeste

3. Alaska está al _____ de México.

   nordeste   este   noroeste

4. Hawaii está al _____ de Canadá.

   sur   sudoeste   noroeste

5. Ottawa está al _____ de Washington, D.C.

   este   norte   sudoeste

CAPÍTULO 22

Un país que cambia

Palabras nuevas ☆ décadas ★ asiáticos ★ latinoamericanos ★ tecnología ★ computadoras ★ satélites ★ operaciones ★ trasplantes ★ órganos ★ *Challenger* ★ Christa McAuliffe ★ impedidos ★ rampa ★ George Bush

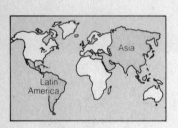

AMÉRICA LATINA Y ASIA

En recientes décadas, los Estados Unidos ha cambiado de muchas maneras. En este capítulo, vas a leer sobre algunos de estos cambios.

Los Estados Unidos es un país de personas de todas partes del mundo. Antes de 1965, la mayoría de los inmigrantes llegó de Europa. En 1965 se redactó una nueva ley que hacía que fuera más fácil para los asiáticos y los latinoamericanos venir a los Estados Unidos. La ley permitía que vinieran 300,000 personas al año. Desde 1965 millones de asiáticos y latinoamericanos han inmigrado a nuestro país y han ayudado a cambiarlo.

Estos inmigrantes acaban de hacerse estadounidenses.

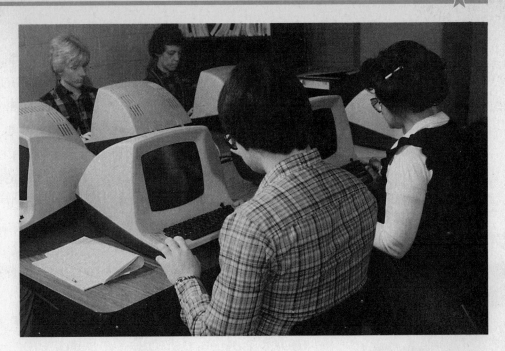
Se usan las computadoras en muchas escuelas.

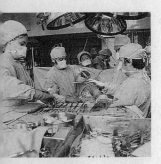
UNA OPERACIÓN

UN ASTRONAUTA CAMINANDO
POR LA LUNA

La tecnología está cambiando a los Estados Unidos. La tecnología quiere decir los inventos que cambian nuestra manera de vivir. Antes de 1970, muy pocas personas tenían computadoras en sus casas. Muchos estudiantes nunca las habían usado. Ahora casi todas las escuelas tienen un salón de computadoras. Las computadoras están en los bancos y en los negocios, y muchas personas las tienen en sus casas. Todos los años se producen computadoras que pueden hacer más cosas. Las que tenemos ahora no serán tan buenas como las del año que viene.

La tecnología cambia la forma en que los médicos cuidan a los pacientes. Los médicos han aprendido a hacer muchos tipos de operaciones nuevas. Algunas de estas operaciones se llaman trasplantes. En un trasplante, se saca un órgano enfermo, como el corazón, y se le da otro órgano sano en lugar de éste a la persona enferma. Muchas veces este órgano nuevo viene de una persona que ha muerto de repente en un accidente.

La tecnología nos ha ayudado a explorar el espacio. Neil Armstrong fue la primera persona en caminar sobre la luna. Desde entonces, se ha

123

continuado explorando el espacio. El año 1981 marcó el primer viaje de un transbordador espacial, o sea, una nave espacial que se puede usar más de 100 veces. Se han hecho muchos viajes desde 1981.

Los viajes al espacio también han ocasionado tristeza. En enero de 1986, por primera vez, una maestra iba a viajar al espacio con seis astronautas. Miles de maestros querían ir, pero Christa McAuliffe fue elegida. El transbordador espacial, que se llamaba *Challenger,* subió al cielo y, de repente, se explotó en un bola de fuego. Christa McAuliffe y los seis astronautas murieron.

Los siete hombres y mujeres de *Challenger* eran de todas partes del país y de diferentes religiones. Eran negros, blancos y asiáticos. Todos querían trabajar juntos en el espacio por su país. Por casi tres años terminaron los viajes mientras los científicos aprendieron a hacer naves más seguras. Por fin, en septiembre de 1988, un transbordador espacial llevó a cinco astronautas al espacio sin problema.

Hoy en día hay cientos de satélites en el espacio. Algunos nos ayudan a saber cómo será el tiempo. Los satélites de televisión nos traen programas de todo el mundo. Los satélites nos ayudan a llamar por teléfono a países lejanos.

UN SATÉLITE ESPACIAL

Este transbordador espacial despegó en 1989.

SANDRA DAY O'CONNOR, LA PRIMERA JUEZ DE LA CORTE SUPREMA

GEORGE BUSH

Otros cambios resultaron de la Ley de los Derechos Civiles de 1964. Ahora, más negros e hispanos son líderes del gobierno y cada año se consiguen mejores trabajos.

Esta ley también ayudó a las mujeres. Muchas son médicas y abogadas, pero muy pocas son senadoras o gobernadoras y pocas son presidentas de negocios. A la mayoría todavía se les paga menos que a los hombres. Por eso, ellas siguen luchando por los mismos derechos que tienen los hombres.

La gente impedida tiene más derechos ahora que hace veinte años. En 1973 se redactó una ley que decía que las personas impedidas podían conseguir cualquier tipo de trabajo. En 1975 otra ley decía que los niños impedidos podían ir a las escuelas públicas. Hoy, en muchas ciudades, hay autobuses y trenes con rampas para sillas de ruedas. Se necesitan aún más cambios. La gente impedida sigue luchando por los mismos derechos que tienen otras personas.

En muchas formas positivas, los Estados Unidos queda igual que en 1776. Siempre ha sido una democracia y una tierra de libertad. Hace mucho, los estadounidenses eligieron al primer presidente, y en 1988 eligieron al cuadragésimo primero. Cada presidente ha prometido trabajar por mejorar el país. En 1989, George Bush volvió a hacer esta promesa.

USA LO QUE HAS APRENDIDO

★ Lee y recuerda

Cierto o falso ★ Escribe una **C** junto a la oración si es cierta o una **F** si es falsa.

_____ 1. Antes de 1970, poca gente tenía computadoras en sus casas.

_____ 2. Durante un trasplante, se saca un órgano saludable del cuerpo de una persona enferma.

_____ 3. En 1981, se viajó por primera vez en transbordador espacial.

_____ 4. Hay un millón de satélites espaciales en el espacio.

_____ 5. La Ley de los Derechos Civiles ayudó a mucha gente.

_____ 6. Inmigrantes de muchos países vienen a los Estados Unidos.

_____ 7. Pocos latinoamericanos han venido a los Estados Unidos desde 1965.

_____ 8. La mayoría de las mujeres ganan lo mismo que los hombres.

★ Razona y aplica

Busca la idea principal ★ Lee los grupos de oraciones que siguen. Una oración es la idea principal. Las otras apoyan esta idea. Escribe una **P** junto a la oración que exprese la idea principal de cada grupo.

1. _____ Los bancos ahora usan computadoras.

   _____ Una persona con un corazón enfermo puede recibir un trasplante.

   _____ La tecnología ha cambiado a los Estados Unidos.

2. _____ En 1986 el _Challenger_ explotó.

   _____ Los viajes espaciales no siempre han salido bien.

   _____ Las siete personas en el _Challenger_ murieron.

3. _____ Los satélites nos traen programas de televisión de todo el mundo.

   _____ Los satélites nos ayudan de muchas formas.

   _____ La gente llama a cualquier país gracias a los satélites.

4. _____ Ahora muchos negros e hispanos son líderes del gobierno.

   _____ Las mujeres pueden conseguir mejores trabajos.

   _____ La Ley de los Derechos Civiles ha ayudado a muchos.

5. _____ Los Estados Unidos no ha cambiado en ciertos aspectos buenos.

   _____ Los estadounidenses siempre han votado por su presidente.

   _____ Los Estados Unidos siempre ha sido una democracia.

★ Desarrollo de destrezas

Lee una gráfica lineal ★ Lee la gráfica lineal que muestra el número de inmigrantes asiáticos y latinoamericanos que vinieron a los Estados Unidos entre 1951 y 1980. Después, contesta las preguntas.

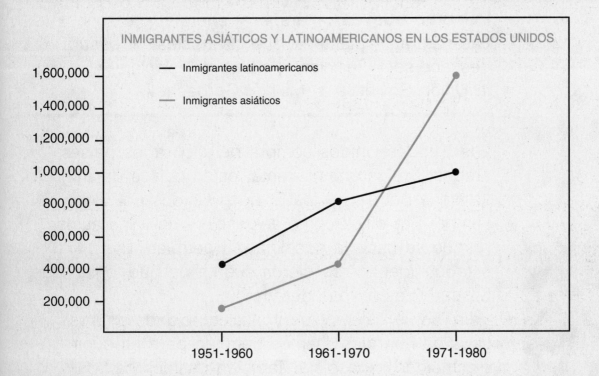

INMIGRANTES ASIÁTICOS Y LATINOAMERICANOS EN LOS ESTADOS UNIDOS

— Inmigrantes latinoamericanos
— Inmigrantes asiáticos

1. ¿De qué color es la línea que muestra a los inmigrantes asiáticos?

   _____

2. ¿De qué color es la línea que muestra a los inmigrantes

   latinoamericanos? _____

3. Desde 1951 hasta 1960, ¿vinieron más asiáticos o más

   latinoamericanos a los Estados Unidos? _____

   _____

4. Desde 1971 hasta 1980, ¿vinieron más asiáticos o más

   latinoamericanos a los Estados Unidos? _____

   _____

5. ¿Qué grupo de inmigrantes creció más? _____

LOS ANIMALES SON RECURSOS
NATURALES

CAPÍTULO 23 Trabajando para el mañana

Palabras nuevas ☆ árabe ★ energía ★ carbón ★ gas natural ★ planta ★ energía nuclear ★ basura ★ deshacerse ★ reciclar ★ planta de reciclaje ★ la Unión Soviética ★ Mikhail Gorbachev

Los Estados Unidos compra petróleo a los países árabes. En los años setenta, estos países dejaron de venderle petróleo a los Estados Unidos por algún tiempo. Era difícil comprar gasolina para los autos porque se hace la gasolina del petróleo. Los estadounidenses se dieron cuenta de que tenían que buscar otras formas de energía.

La luz, la calefacción y la electricidad son tres tipos de energía. Usamos petróleo para producir electricidad y gasolina. También usamos carbón y gas natural para producir energía. Nuestro país usa más energía que otros países. Necesitamos la energía para los automóviles, las casas y las fábricas. Muchos tienen miedo de que se acaben el petróleo, el carbón y el gas natural.

Debemos cuidar de nuestros recursos naturales.

128

Los pozos de petróleo se barrenan para sacar el petróleo a la superficie. El petróleo se acabará algún día.

LIMPIANDO EL PETRÓLEO QUE SE DERRAMÓ EN ALASKA

UNA PLANTA NUCLEAR

Los recursos naturales, como el petróleo, el carbón y el gas natural, han ayudado a que los Estados Unidos sea una gran nación. El agua, los peces, los animales, los árboles y los metales son otros recursos naturales. Muchos temen que estos recursos se terminen o se destruyan.

Un accidente en 1989 destruyó muchos de los recursos naturales de Alaska. Un barco grande que llevaba petróleo de Alaska a otras partes del país se chocó cerca de Alaska. La mayor parte del petróleo se derramó en el mar y mató a miles de pájaros, peces y animales marinos.

Durante este derrame de petróleo en 1989, la gente se dio cuenta de que tenía que cuidar de los recursos naturales porque los necesitamos para el futuro. También supieron que había mejores formas de producir energía sin usar petróleo.

Estamos aprendiendo a usar la energía del sol y la fuerza del agua para producir electricidad. También se produce electricidad con la energía nuclear. Hoy en día hay casi cien plantas nucleares en nuestro

EL BARCO LLENO DE BASURA

país. Una pequeña parte de la electricidad viene de esas plantas.

Muchos estadounidenses tratan de conservar la energía para el futuro. Usan menos electricidad y, en el invierno, menos calefacción. Conservan petróleo y gas natural cuando lavan la ropa en agua fría. Muchos manejan autos pequeños que gastan menos gasolina o usan autobuses, trenes y bicicletas.

Deshacerse de la basura es un problema grande. Muchas veces se la quema, causando contaminación del aire. A veces se la tira en océanos, ríos y lagos, pero esto causa contaminación del agua. Muchas veces los peces mueren, y el agua ya no sirve para beber.

Un barco grande lleno de basura salió de New York en 1987. La gente pensaba que podría enviar el barco de basura a otro estado. El barco fue a muchos estados y viajó miles de millas. Nadie lo quería. Al final, regresó a New York, donde se quemó la basura. Hay que buscar mejores formas de deshacerse de la basura.

Reciclar es una buena forma de resolver el problema de la basura. Mucha gente ya no tira latas

Estas personas revisan la basura del barco para saber cuán peligrosa es.

Reagan y Gorbachev dándose el Tratado INF.

de metal, periódicos ni botellas de cristal. Se envían estas cosas a plantas de reciclaje para fabricar metales, papeles y vidrios nuevos de los metales, papeles y vidrios viejos. El reciclaje conserva estos objetos para el futuro.

Desde la Segunda Guerra Mundial, los Estados Unidos y la Unión Soviética han sido los líderes mundiales. Muchas veces los dos países no se llevan bien, pero quieren paz en el mundo.

Se firmó un importante tratado entre los Estados Unidos y la Unión Soviética en 1987—el Tratado INF. El presidente Reagan y el líder soviético Mikhail Gorbachev prometieron destruir muchas armas peligrosas y fabricar menos armas también.

La historia de los Estados Unidos no ha terminado. En los años que vienen, debemos encontrar mejores formas de producir y conservar la energía. Tenemos que encontrar formas de mantener limpios el aire y el agua y de deshacernos de la basura, empezando con el reciclaje. La gente votará por los mejores líderes. Mucha gente trabajará por su nación. Hay muchas formas en que tú puedes ayudar a construir un mejor país para el futuro.

RECICLANDO LATAS

131

USA LO QUE HAS APRENDIDO

★ Lee y recuerda

Busca la respuesta ★ Escribe una marca (x) junto a las oraciones que indican formas de conservar energía. Debes marcar cuatro oraciones.

_____ 1. Las personas pueden viajar en autobús.

_____ 2. Las personas pueden lavar su ropa en agua fría.

_____ 3. Las personas pueden dejar las luces encendidas cuando no las necesitan.

_____ 4. Las personas pueden manejar automóviles pequeños.

_____ 5. Las personas pueden lavar la ropa en agua caliente.

_____ 6. Las personas pueden bajar la calefacción por la noche.

_____ 7. Las personas pueden manejar automóviles grandes.

★ Razona y aplica

Busca la relación ★ Completa cada oración del grupo A con una frase del grupo B. Escribe su letra en el espacio en blanco.

GRUPO A	GRUPO B
1. Las personas tratan de conservar energía porque _____.	a. usan menos gasolina.
2. Algunas personas manejan autos pequeños porque _____.	b. el reciclaje conserva metal, vidrio y papel para el futuro.
3. El barco de basura regresó a New York porque _____.	c. querían la paz.
4. Mucha gente recicla metal, vidrio y papel porque _____.	d. un día es posible que no haya más carbón, gas natural ni petróleo.
5. Reagan y Gorbachev firmaron el Tratado INF porque _____.	e. nadie quería la basura.

★ Composición

Escoge uno de los problemas mencionados en el capítulo 23. Escribe una carta a tu senador de los Estados Unidos. Pídele que trabaje más para resolver el problema. Dile por qué crees que este problema sea importante. Envíale esta carta a tu senador en Washington, D.C.

_____

_____   _____

_____   _____

_____

Estimado Senador _____:

_____

_____

_____

_____

_____

_____

_____

_____

_____

_____

Sinceramente,

_____

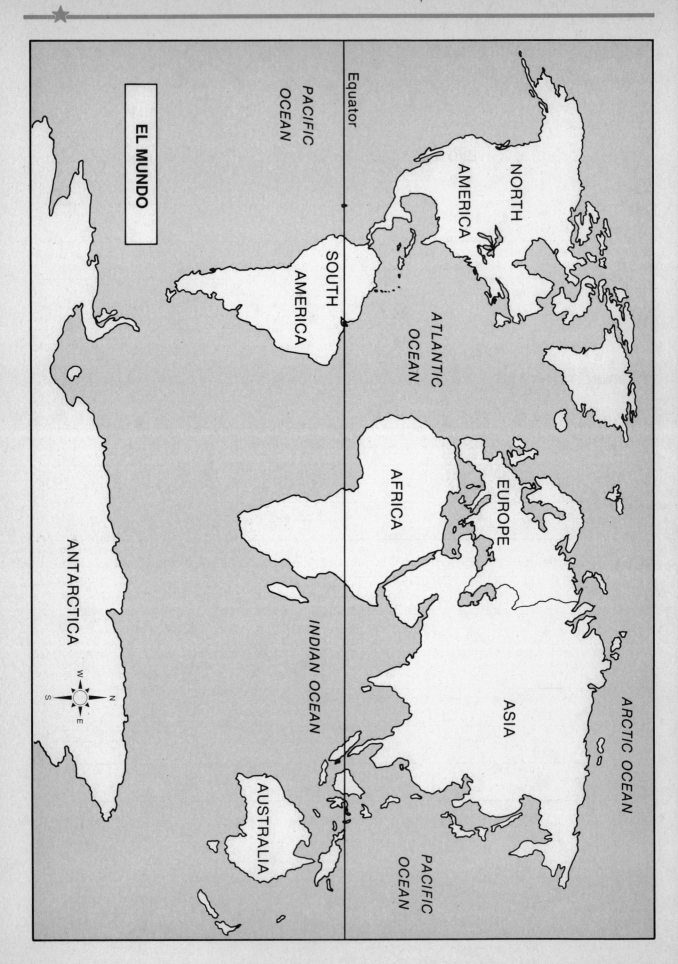

EL MUNDO

NORTH AMERICA

SOUTH AMERICA

ATLANTIC OCEAN

PACIFIC OCEAN

Equator

AFRICA

EUROPE

ASIA

ARCTIC OCEAN

INDIAN OCEAN

PACIFIC OCEAN

AUSTRALIA

ANTARCTICA

N
W E
S

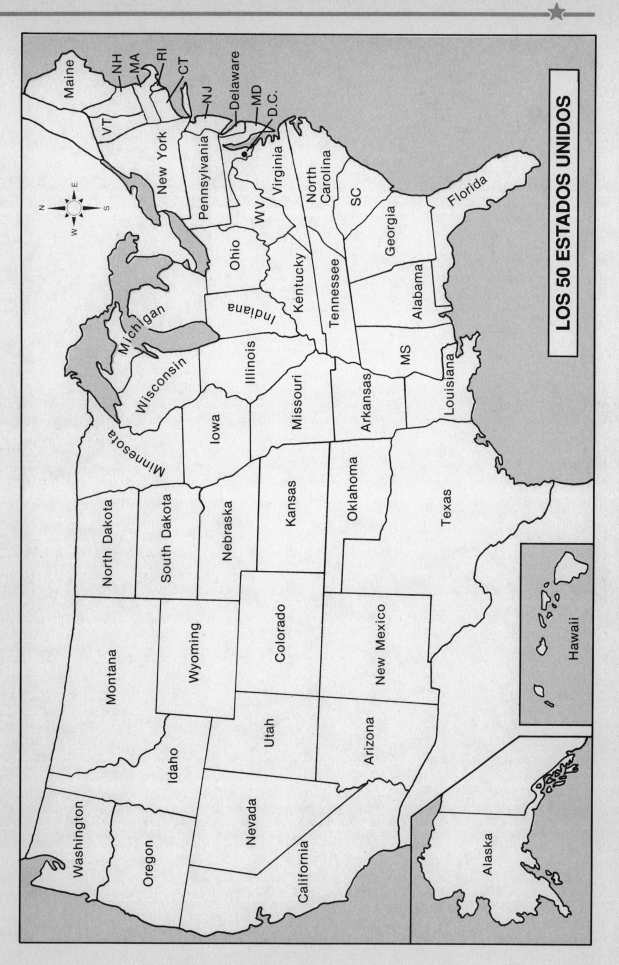

LOS 50 ESTADOS UNIDOS

ÍNDICE

LISTA DE MAPAS